中国近代人物日记丛书

张廷银 刘应梅 整理

王伯祥日记

第二十册

中华书局

第二十册目录

附录:亲属简表 …………………………………………… 8427
主要人名索引 …………………………………………… 8431

附录:亲属简表

姓　名	又名(含字、曾用名、乳名、日记中常用称呼等)	关　系	备　注
秦珏人		妻子	
王瀞华	大官、瀞儿	长女	
聂文权		女婿;瀞华之配偶	
王清华	澄之、四官、清儿	四女	伯祥先生之次女、三女均早夭
章士敫	达先、阿达	女婿;清华之配偶	
王澄华	静鹤、五官、澄儿	五女	早年曾过继给修妹,修妹夫妇过世后回归,静鹤为过继时期用名
黄业熊		女婿;澄华之配偶	
王汉华	六官、汉儿	六女	
卢芷芬	卢沅	女婿;汉华之配偶	
王漱华	七官、漱儿	七女	
王笙伯	王德镛、宏官	女婿、漱华之配偶	王翼之之子,亦为妻表侄
王润华	同官、阿同、同儿、润儿	长子	
钱琴珠		儿媳;润华之配偶	

续表

姓 名	又名(含字、曾用名、乳名、日记中常用称呼等)	关 系	备 注
王滋华	伏官、阿伏、滋儿、复儿	次子	
戴佩华		儿媳;滋华之配偶	
王淑华	先春、春官	幼女/侄女	过继给弟弟王仲瑞
谢静发		女婿;淑华之配偶	
王济华		三子	与淑华为龙凤胎,一同过继给仲弟,早夭
王湜华	盈官、湜儿	幼子	
王文修		儿媳;湜华之配偶	
聂昌顯		外孙女;潽华之女	
聂昌顺		外孙女;潽华之女	
聂昌预		外孙女;潽华之女	
聂昌颀		外孙女;潽华之女	
聂昌硕	小同	外孙;潽华之子	
章心农	建昌、昌昌	外孙;清华之子	
章爱农	建新、新新	外孙女;清华之女	
黄升堉		外孙;澄华之子	
黄升基		外孙;澄华之子	
黄升埥		外孙;澄华之子	
黄升埙	小毛	外孙;澄华之子	

续表

姓　名	又名（含字、曾用名、乳名、日记中常用称呼等）	关　系	备　注
黄升垲	垲垲	外孙；澄华之子	
黄升培	培培	外孙；澄华之子	
黄升增	增增	外孙；澄华之子	
卢元锴	龙官、黑龙	外孙；汉华之子	
卢元镇	白龙	外孙；汉华之子	
卢元鉴	银龙	外孙女；汉华之女	
王弥同		外孙；漱华之子	
王　曦	熹和、阿曦	外孙女；漱华之女	
王绪芳	元官、元孙	孙女；润华之女	
王绪茂	宜官、宜孙	孙子；润华之子	
王绪芬	燕春、燕孙	孙女；润华之女	
王绪昌	铿铿、铿孙	孙子；滋华之子	
王绪明	小明	孙子；滋华之子	
谢　宪	阿宪	外孙；淑华之子	
谢小平		外孙女；淑华之女	
王仲瑞	仲弟	弟弟	淑华、济华之养父
王毓玲		弟妹	淑华、济华之养母
王涵华	大地、涵侄	侄女；仲弟之女	
袁柱流		侄女婿；涵华之配偶	
修　妹		妹妹	正名未考，澄华（静鹤）之养母

续表

姓 名	又名(含字、曾用名、乳名、日记中常用称呼等)	关 系	备 注
安 浦		妹夫	正名未考,澄华(静鹤)之养父
秦祖青	组青	妻弟	
王怀之		妻表弟	
王悦之		妻表弟	
王幽若		妻表妹	
王慧若		妻表妹	
王德铸		妻表侄	王悦之之子
王德锜		妻表侄女	王悦之之女
朱铭青		妻表侄女婿	王德锜之配偶
章锡琛	雪村	亲家	章士敦之父
王翼之		妻表弟;亲家	王笙伯之父
顾漱石		妻表弟媳;亲家	王笙伯之母
王孝达		亲家	王文修之父
柳 瑛		亲家	王文修之母

主要人名索引

A

阿英（魏如晦、钱杏村） 3100,3804,5540,6058,6151,6851,7322,
8133,8134

艾青 5856

安若定 6388,6390,6960,6966,6976,6979,6982,6985,6996,7008,
7080,7090,7098,7108,7115,7134,7206,7255,7265,7437,7482,
7547,7632,7633

B

巴金（李芾甘） 1260,1622,2049,2341,2416,2423,2492,2651,2662,
2764,2806,2841,2936,2945,3057,3361,3724,3727,3728,3732,
3802,3808,3819,3835,3847,3966,4042,4059,4133,4276,4353,
4390,4467,4536,4653-4655,4926,4930

巴小泉 1043,3165,4686

白鸿 6134,6165,6179,6185,6188,6218,6244,6257,6263,6267,
6327,6364,6403,7485,7584,7599,7605,7627,7644,7656,7663,
7665,7671,7680,7682,7684,7686,7688,7690,7691,7693-7695,
7699,7702,7706,7725,7726,7748,7757,7762,7782,7810,7821,
7826,7833,7953,7954,7958,7959,7965,7966,7973,7977,7989

白寿彝　3266,3290,4674,4715,4725,4921,4963,5351,6695,6704,
　　7204,7569
白薇　6229,6230,7018,7020,7023,7409,7417
贝世俊　3724
贝琪(仲珩)　1538-1540,1544,1561,1572,1573,1590,1603,1733,
　　2040
秉志(农山)　3251,4361
卞之琳　4938,5342,5348,5357,5397,5665,5786,6026,6105,6161,
　　6257,6418,6760,6767,7063,7132,7210,7229,7314,7453,7502,
　　7564,7655,7748,7985

C

蔡尚思　2891,3890,4322,6307
蔡廷锴　1679,1712,1714,2128,2744,2815,2895,4337,7170
蔡同庆　3808,3852,4539,4608,4666,4695,4728,4750,7154,7340
蔡仪　5348,5355,5357,5382,5574,5589,5786,5827,5920,5960,
　　5970,5997,6076,6104,6105,6184,6258,6343,6349,6428,6430,
　　6431,6728,6767,6792,7089,7181,7210,7293,7582,7655,7739,
　　7748,7784,7796,7810,7822,7852,7985
蔡震渊　525,526,649,657,661,670,1167,1181,2550,2793,2794,
　　2851,2854,2855,2893,2912,2983,3030,3062,3066,3170,3171,
　　3243,3282,3292,3294,3312,3315,3369,3388,3396,3415,3497,
　　3567,3646,3734,3989,4083,4085,4223,4519,5856,6111,6422,
　　6509,6604,7889,8210
曹冰岩(冰严)　2593,2739,2846,3187,3326,3501,3502,3507,3922,

3953,3955,4484,4486

曹诚义(铁笙、铁生) 68,74,79,85,87,100,111,113,122,124,125,
128,133,134,138,141,148,160,162,174,177,215,217,226,236,
241,242,250,257,260,262,266,268,271,276,280,282,283,285,
290,301,305,306,308,327,329,331,333-336,340,342,344-347,
349,351,358,373,384,395,396,415,419,423,426,431,434,436,
437,439,441,451,463-465,477,479,488,489,497,498,500,505,
521,534,567,569,571,646,652,662,700,707,713,727,729,731,
732,737,743,744,764,769,789,791,806,809,820,824,829,830,
833,891,904,906,913,916,934,935,958,991,1001,1044,1045,
1050,1066,1068,1070,1073-1076,1079,1092,1095,1098,1104,
1120,1121,1127,1134,1137,1143,1152,1166,1225,1227,1229,
1233,1244,1246,1256,1261,1264,1285,1288,1290,1299,1302,
1304,1306,1312,1321,1323,1329,1330,1362,1364,1383,1396,
1401,1404,1408-1414,1416,1417,1419-1421,1427,1429,1453,
1492,1543,1544,1548,1574,1611,1614,1634,1654,1659,1711,
1735,1745

曹道衡 5238,5250,5254,5265,5272,5335,5342,5350,5353,5412,
5430,5431,5459,5547,5573,5642-5644,5670,5690,5788,5830,
5853,5873,5874,5893,5924,5975,6002,6018,6021,6022,6029-6031,
6033,6035,6038,6039,6042,6049,6072,6079,6080,6104,6130,
6134,6142,6145,6152,6153,6161,6164-6166,6214,6216,6218,
6244,6257,6258,6263,6267,6280,6291,6320,6327,6341,6352,
6354,6359,6361,6394,6396,6403,6404,6420,6432,6460,6730,
6792,6938,7141,7150,7181,7184,7202,7206,7228,7232,7266,

7274,7283,7295,7296,7300,7303,7308,7314,7330,7350,7370,
7456,7464,7485,7501,7542,7544,7554,7748,7757,7762,7782,
7810,7826,7833,7948,7953,7965,7966,7989,7999,8067,8387

曹靖华　4997

曹聚仁　2306,3719

曹未风　3165,3415,4139,4140,4353,4361,4371,4394

曹孝萱　2558,2949,3290

曹辛汉　766,4371,4381,4382

曹禺　3767,4655

曹仲安　2123,2597,2689,2719,2772,3395,3399,3402,3713,3792,
4019,4021,4029,4635,4652

柴德赓(青峰)　7504,7505,7515,7583,7584,7598,7674,7676,7678,
7681,7682,7685,7687,7689,7691,7694-7696,7699,7703,7711,
7718,7724,7730,7732,7733,7737,7739,7740,7742,7744,7746,
7749,7800,7805,7807,7809,7813,7815,7818,7831,7834,7851,
7861,7863,7902,7912,7933,7936,7937,7939,7941,7942,7949

常惠　7071

常书鸿　6032,6433,7027

车向忱　6230,7642

陈半丁　6228,6229,6331,6403,6532,6533,6608,6777,6966,6971,
6996,7014,7018,7021-7023,7066,7096,7141,7184,7437

陈邦桢　3741,3889,3907,3922,4516

陈博文　532,569,587,1041,1064,1125,1137,1205,1230,1336,2777,
3827,3947,4082-4084,4368,4370-4372,4374,4593,5271

陈布雷　429,1788,4174-4177,4222,4926

陈次园　6104,6139,6241,6258,6459,6540,6542,6544,7445,8009,
8014,8015,8017,8019,8035,8074,8093,8105,8120,8131,8141,
8152,8161,8170,8194,8221,8235,8264,8272,8276,8282,8328,
8363,8401,8402,8405,8415

陈达(通夫)　1230,1373,4006,6537,6673,6740,6760,6782,6803,
6811,6863,6869,6879,6894-6896,6898,6901,6913,6917,6927,
6928,6932,6934,6935,6944,6950,6954,6956,6959,6992,6996,
7003,7020,7032,7065,7077,7090,7147,7158,7171,7174,7188,
7197,7198,7633

陈达夫　1230,1293,1373,4006,4061,4065,4066,6811

陈定民　3691,5856

陈铎(稼轩)　279,289,479,548,617,639,688,808,846,847,863,
975,978,1006,1042,1047,1148,1221,1250,1262,1409,1413,1417,
1427,1428,1435,1446,1448,1450-1452,1462,1463,1473,1474,
1531,1540,1545,1555,1557,1558,1568,1569,1585,1608,1648,
1660,1662-1665,1667-1669,1673,1674,1680,1686,1696,1705,
1717,1720,1721,1725,1760-1766,1768,1772-1774,1778,3595,
4907,7830

陈公培　6253,6255,6272,6287,6352,6373,6673,6691,6710,6713,
6926,7024,7081,7417,7801

陈功甫　956,959,961,962,970,1201,1230,1293,1395,1401

陈贯吾　2949,2951,2968,2983,3010,3011,3019,3022,3024,3026,
3062,3063,3071,3076,3084,3087,3091,3092,3096,3100,3102,
3108,3112,3113,3118,3155,3161,3177,3183,3184,3219,3220,
3237,3240,3241,3259,3266,3291,3363,4652,4657,5490

陈海澄　151,266,269,489,491,498,500,1247,2497,2499,2506,
2867,3343,3439,3440,3555,3568,3571

陈翰笙　4659,4678,4715,4845,6501,6669,6951,6996,7213,7214,
7218,7269,7344

陈和坤　4075,4433,4544

陈荒煤　7412

陈慧　6264,6286,6295,6317,6327,6333,6360,6370,6378,6382,
6397,6424,6498,6520,6626,6646,6683,6734,6786,6952,7007,
7013,7031,7039,7045,7052,7180,7240,7298,7371,7435,7440,
7490,7528,7590,7671,7687,7697,7731,7750,7870,7936

陈济川　3489,3568,3570,3572,3573,3751,3863,3905,3906,3917,
4041,4055,4080,4089,4240,4441,4447,4451,4452,4459,4592,
4602,4604,5987,6114,6116,6346,6348,6351,6352,6424,6530,
6531,7279,7504,7536,7586,7720,7821,7822,7836

陈家康　3890,4678,6290

陈嘉庚　2887,2888,4336,6232,7301

陈建功　3783,3856,3972,4061

陈钧　7018,7019,7021

陈俊生　1047,1068,1140,1148,1183,1460,1486,1527,1722,1778,
1785,1802,1807,1820,1877,1880,1955,1958,1975,2011,2014,
2043,2047,2076,2119,2133,2199,2262,2377,2453,2455,2457,
2469,2530,2623,2658,2668,2680,2682,2693,2696,2700-2702,
2705,2707,2716,2722,2733,2741,2773,2814,2823,2829,2832,
2848,2880,2913,2930,2964,2982,3001,3020,3118,3243,3263,
3283,3286,3289,3295,3301,3304,3312,3313,3339,3340,3359,

3371,3386,3396-3398,3491,3506,3942

陈鲤庭 7412

陈立夫 1219,2175,2372,2574,3053,3112,4430,4448

陈麟瑞 3253,3277,3281,3287,3289,3290,3312,3361,3397,3533,
3719,3720,3745,3746,3763,3985,5010,5018,5040,5051,5052,
5869,6260,6281,6516,7007,7240,7257,7282,7287,7319,7329,
7436,7456,7503,7526,7536,7583,7598,7623,7674,7676,7678,
7681,7683,7685,7687,7689,7691,7694,7696,7698,7699,7711,
7718,7757,7759,7761,7763,7786,7793,7800,7807,7809,7813,
7870,7902,7933,7937,7941

陈梦家 4131,5856

陈明德(铭德) 7001,7376,7379,7381,7383,7395

陈铭枢 1343,1349,1462,1712,4300,4337,4714,6659,7372,7383

陈乃乾 2,6,10,16,20-23,25-30,32,33,35-40,46-49,51,52,55,
57,62,65,66,71,72,76-86,88-93,96-98,101-105,108-111,113,
114,116,118,121,126,134,136,141,143,147,151-153,157-160,
162,163,169,171-175,181,189,193,201,204,207,213,217,221,
222,228,231,233,234,239,244,246-248,250,255,260,266,268,
276,278,285,286,290-292,300,301,316,319,325,327,330-335,
337,338,340,342,344-349,359,360,382,384,385,394,405,410,
411,413,430,434,435,438-440,443,446-450,453,454,457,459,
466-468,471,475,477,481,485,487,488,491,492,494-497,
501-508,514-516,524,526,527,530,533,548,565-570,575,576,
578-581,584-586,588,590,591,599,600,605,607,608,611-613,
615,617,618,620,621,626-628,630,634,640,643,648,652,

654-656,658-661,665-673,675,688,692,694,697,700,702,706,
708,722,727,728,730,747,749,755,756,783-785,787,791,803,
818-821,823,824,827-834,841,860,865,870,878,881,883,888,
895-897,900,916,927,944,945,949,960,965,968,976,983,986,
988,990,992,994,996-998,1000,1002,1004,1005,1008,1014,
1015,1030,1035,1041,1045-1047,1054,1060,1063,1066,1075,
1078,1079,1082,1083,1087,1100,1109-1111,1115,1117,1128,
1134,1144,1151,1154,1155,1158,1160,1164,1168-1171,1173,
1177,1184,1208,1225,1227,1251,1263,1268,1276,1278,1281,
1283,1284,1295-1297,1303,1304,1329,1330,1334,1336,1337,
1340,1342,1349,1352,1355,1356,1358,1359,1363,1365-1369,
1376,1380,1386,1389,1392,1393,1395-1397,1401,1402,1404,
1408-1410,1412,1414-1416,1418,1423-1427,1429,1430,1433,
1434,1436-1438,1440,1441,1444,1450,1452,1458,1463,1476,
1483,1487,1491,1492,1503,1512,1521,1526,1527,1533,1536,
1539,1547,1549,1560-1562,1565,1566,1572,1597,1598,1604,
1613,1632,1637,1644,1645,1647,1648,1659,1661,1668,1670,
1673,1683,1685,1686,1689,1693,1704,1709,1711,1729,1730,
1732,1733,1735-1738,1764,1771,1772,1776,1790,1797,1802,
1804,1806,1807,1813,1833,1861,1875,1878,1879,1881,1904,
1906,1907,1915,1916,1920,1925-1927,1932,1936,1938,1942-1945,
1947,1958,1980,1985,1993,2004,2049,2058,2066,2074,2077,
2079-2081,2085,2087,2088,2090,2091,2105,2112,2116,2119,
2121,2162,2199,2206,2207,2213,2252,2272,2273,2284,2286,
2307-2309,2335,2341,2342,2377,2379,2395,2405,2408-2412,

2419,2421,2432,2433,2435,2441,2446,2454,2456,2457,2459,
2465,2470－2472,2479－2481,2485,2486,2494,2495,2506,2512,
2522,2531,2533,2557,2560,2575,2583,2599,2617,2631,2638,
2651,2659,2666,2667,2677,2682,2694,2711,2758,2793－2795,
2797,2802,2823,2898,2984,2989,2992,3050,3069,3086,3089,
3093,3094,3106,3110,3114,3116,3119,3120,3141,3142,3216,
3217,3219,3223,3227,3237,3254,3257,3259,3265,3266,3283,
3288,3322,3339－3341,3344,3365,3374,3375,3379,3384,3386,
3388,3389,3391,3393,3394,3397,3398,3402,3403,3405,3407,
3410,3411,3416,3417,3420,3421,3426,3427,3430,3431,3446－3448,
3450,3454,3455,3459,3460,3462,3463,3469,3473,3474,3476,
3477,3479,3492,3496,3497,3503,3509,3511,3513,3520,3529,
3532,3541,3554,3555,3559,3560,3569,3573－3576,3586,3590,
3591,3594,3595,3598,3599,3606,3607,3633,3637,3641,3654,
3656,3658,3685,3779,3802,3823,3851,4053,4065,4067,4087,
4226,4303,4313,4349,4361,4385,4422,4512,4539,4541,4543,
4563,4665,4668,4966,5435,5437,5684,5685,5687,5688,5719－5721,
5723,5724,5726,5730,5737－5739,5743,5745,5746,5748－5750,
5760,5766,5769,5781,5870,5876,5877,5886－5888,5892,5899,
5902,5907,5910,5911,5914,5919,5929,5948,5956,5961,5968,
5981,5990,5997－5999,6004,6005,6013,6022,6032,6036,6041,
6049,6059,6061,6062,6071,6082,6083,6087,6111,6114,6131,
6140－6143,6147,6151,6160,6162,6164,6195,6196,6204,6209,
6213,6216,6225,6226,6238,6240,6246,6254,6259,6262,6266,
6272－6275,6277,6280,6282,6283,6285,6287,6289,6292,6294,

6296-6309, 6311, 6314, 6319, 6329, 6340, 6346, 6352, 6354, 6360,
6364, 6365, 6373, 6375, 6381, 6387, 6395, 6405, 6407, 6417, 6422,
6424-6426, 6435, 6457, 6460, 6464, 6492, 6493, 6513-6516, 6519,
6521-6524, 6527, 6530, 6531, 6533, 6537, 6541-6543, 6546, 6549,
6552, 6580-6582, 6588, 6590, 6594, 6610, 6619, 6620, 6626, 6633,
6639, 6640, 6651, 6667, 6668, 6682, 6685, 6691, 6692, 6700, 6701,
6707, 6715, 6718, 6721, 6725, 6731, 6735, 6737, 6739-6741, 6744,
6746, 6753, 6760, 6763, 6764, 6772, 6774, 6776, 6778, 6779, 6781,
6784, 6788, 6793, 6798, 6801, 6803-6805, 6810, 6815, 6816, 6854,
6867, 6875, 6887, 6892, 6894, 6897, 6903, 6905, 6908, 6912, 6913,
6915, 6917, 6922, 6930, 6940, 6941, 6947-6949, 6953, 6957, 6959,
6965, 6993, 6994, 7000, 7010, 7011, 7030, 7031, 7040, 7042, 7052,
7060, 7061, 7064, 7065, 7070, 7071, 7079, 7083, 7085, 7087, 7089,
7094, 7098, 7103, 7106, 7116, 7120, 7124, 7128, 7130, 7138, 7140,
7143, 7145-7148, 7151, 7161, 7165, 7170, 7173, 7182, 7186, 7191,
7199, 7204, 7222, 7233, 7234, 7252, 7256, 7260, 7261, 7271, 7272,
7274-7277, 7279, 7282, 7301, 7302, 7304, 7305, 7308, 7309, 7313,
7315, 7332, 7334, 7353, 7360, 7361, 7366, 7367, 7371, 7372, 7405,
7415, 7420, 7421, 7429, 7434, 7437, 7442, 7444, 7450, 7464, 7469,
7477, 7478, 7483, 7493, 7497-7499, 7504, 7505, 7516, 7517, 7530,
7535, 7536, 7546, 7548, 7552, 7561, 7569, 7572, 7573, 7579, 7586,
7597, 7603, 7604, 7609, 7618, 7624, 7629, 7645, 7659, 7664, 7671,
7677, 7688, 7693, 7695, 7698, 7704, 7706, 7717, 7720, 7722, 7724,
7730, 7732, 7737, 7740, 7749, 7775, 7781, 7783, 7790, 7793, 7801,
7806, 7807, 7812, 7816-7818, 7821, 7822, 7827, 7832, 7841, 7856,

7861,7862,7875,7878,7881,7888,7894,7897,7901,7904,7907,
7910,7913,7914,7923,7932,7937,7939,7945,7951,7953,7960,
7964,7969,7972,7974,7980,7983-7985,7999,8018,8057,8064,
8066,8165,8177,8206

陈其通　4129,7412

陈青士　6439,6440,6445,6449-6451,6453,6460,6516,6520,6603,
6626,6646,6718,6779,7517,7583,7685

陈清华(澄中)　3746

陈劭先　4441,4589,4613,5021,6689,7030,7137,7502

陈绳甫　2968,3001,3005,3010,3106,3112,3175,3205

陈叔通　4337,5034,5147,6231,6295,6331,6403,6424,6532,6533,
6659,6669,6713,6777,7014,7025,7061,7096,7193,7407,7415,
7697

陈漱琴　1489,1512

陈漱石　4574

陈德元(调甫)　148,238,259,357,1392,1875,1878,2989,2996,
3001,3004,3345,3346,3349-3351,3356,3367-3369,3376,3383,
3396,3417,3667-3669,3839,3939,3940,3953,4059,4649,4651-4653,
4655,5240,5587,5842,5977,6231,6240,6414,6964

陈万里　35,126,148,276,344,445,446,492,502,514,556,629,715,
800,1326,1433,1549,1799,3512,3805,4142,4520,4633,4634,
4638,4642,4653,4656,4811,4909,4935,5259,5270,5309,5811,
5846,6059,6353,6695,6764,6793,6798,6804,6810,6816,6891,
6897,6912,6915,6922,6994,7001,7116,7120,7128,7130,7140,
7161,7168,7170,7178,7245,7250,7256,7319,7344,7353,7548,

7596,7743,7790,7931

陈望道　429,449,867,1081,1086,1096,1104,1109,1118,1125,1137,
1205,1206,1226,1231,1251,1256,1288,1289,1295,1296,1351,
1356,1361,1366,1433,1506,1512,1531,1606,1622,1682,1926,
1968,2024,2124,2125,2375,2401,2406,2408,2419,2433,2479,
2485,2493,2504,2530,2554,2676,2693,2755,2846,2854,2903,
2904,3808,4409,6970

陈文彬　6433,6519,7080,7414

陈翔鹤　5670,5671,6157,6165,6257,6258,6263,6267,6280,6327,
6378,7063,7132,7143,7181,7261,7453,7489,7502,7665,7671,
7680,7682,7684,7686,7690,7693-7695,7699,7702,7721,7725,
7726,7739,7748,7757,7762,7782,7810,7821,7822,7826,7833,
7841,7852,7875,7877,7916,7920,7924,7929,7935,7942,7958,
7961,7962,7985,7994

陈宣昭　6576,7188,7344

陈选善　833,7007,7278,7435,7456,7521,7615,7624

陈学昭　435,521

陈训慈(叔谅)　108,235,776,1326,1733,1787-1789,1811,1833,
1876,1880,1901,1902,1932,2132,2133,2141,2146,2151,2154,
2168,2170,4369,4370,4372,4374,4704,4740,4741

陈训愿(叔同)　2154

陈逸人　1201,4504

陈涌(杨思仲)　5357,5768,5786,5795,5948,5950

陈友琴　1678,1912,2175,5250,5254,5264,5265,5272,5335,5336,
5354,5397,5412,5435,5446,5459,5464,5466,5526,5540,5542,

5547,5573,5670,5676,5677,5688,5690,5787,5823,5830,5853,
5859,5874,5880,5906,5909,5912,5954,6011,6013-6016,6018,
6029,6031,6033,6035,6038,6042,6049,6056,6067-6070,6072,
6076,6077,6079,6080,6102,6105,6123,6134,6142,6145,6147,
6179,6185-6188,6197,6202,6206,6212,6213,6218,6238,6257,
6263,6267,6275,6280,6286,6287,6291,6314,6316,6320,6327,
6341,6354,6364,6369,6378,6396,6403-6405,6408,6414,6418,
6419,6434,6435,6437,6440,6445,6456,6504,6508,6521,6594,
6627,6640,6653,6662,6698,6702,6709,6710,6721-6723,6734,
6737,6742,6743,6749,6751,6755,6767,6792,6871,6876,6885,
6891,6893,6927,6928,6931,6938,6949,6987,6995,6996,6999,
7048,7055,7063,7071,7089,7100,7109,7123,7129,7141,7142,
7147,7204,7206,7212,7219,7228,7234,7267,7272,7274,7284,
7286,7288,7292,7296,7299,7300,7303,7306-7308,7310,7314,
7350,7370,7432,7456,7459,7464,7485,7525,7529,7541,7552,
7558,7568,7570,7655,7657,7663,7665,7671,7680,7682,7684,
7686,7688,7690,7691,7693-7695,7699,7702,7706,7721,7725,
7739,7748,7757,7762,7767,7782-7784,7810,7820,7821,7826,
7830,7833,7836,7841,7843,7852,7860,7868,7869,7875,7877,
7897,7903,7909,7916,7920,7929,7942,7947,7948,7953-7955,
7957-7959,7962,7965,7966,7973,7989,8016,8039,8044,8067,
8087,8108,8122,8139,8140,8147,8148,8161,8167,8200,8215,
8223,8225,8237,8242,8243,8246,8254,8257,8260,8269,8275,
8281,8290,8294,8342,8358,8372,8378,8383,8387,8398,8411,
8419,8420,8422-8424

陈于陛　6432,7206

陈玉黑(于黑、毓黑)　6938,7118,7141,7228,7265,7267,7274,7283,
7296,7300,7303,7308,7314,7319,7322,7324,7350,7359,7370,
7485,7542,7544,7757,7782,7810,7821,7822,7824,7826,7833,
7841,7843,7852,7875,7877,7903,7916,7920,7929,7935,7953,
7977,7989

陈垣(援庵)　83,3010,4364,4715,4725,5718,6004,6040,6043,
6460,7242

陈原　4048,4066,5236

陈源　7242,7481

陈岳生　1206,1207,1214,1345,1416,1473,1474,1569,1606,1619,
1681,3301,4099,4133,4224,4247,4318,4325,4698

陈哲文　4655

陈稚珪　3411

陈中凡　7414

陈竹隐　1484,4851,4881

陈子展　1682

谌小岑　2729,6493,6537,6773,7032,7116,7137

程千帆　4160,4249,4324,4543

程少鹤　3441

程绥百　3810,3812,3819,3969,3970,3972,4066,4124

储皖峰(逸安)　887,1083,1117,1222,1266,1275,1345,1486,1489,
1512,1560,1571,1582,1640

楚图南　3890,5856,6142,6233,6290,6388,6656,7575,7715

D

戴叔源　6553,6718,6739,6882,7072,7085,7344

戴应观　1997,2139,2238,3831,3848

戴宗骞(孝侯)　4433,4556,4620,4692,4694,4750,4863,4946,7081,7145,7521,8018

邓宝珊　384,6234

邓初民　3890,3900,6272,6533,6604,7008

邓广铭　4710,5351,5352,5978,6700,6733,7326

邓绍基　5514,5573,6018,6029,6033,6035,6042,6081,6104,6134,6153,6157,6164,6185,6186,6188,6190,6218,6244,6257,6263,6267,6280,6291,6320,6327,6341,6355,6364,6369,6378,6396,6403,6420,6488,6505,6603,6674,6706,6709,6792,6891,6938,6996,7046,7060,7117,7118,7141,7206,7211,7212,7228,7274,7295,7296,7300,7303,7308,7325,7330,7350,7370,7441,7456,7464,7485,7503,7505,7544,7554,7564,7570,7582,7584,7585,7599,7627,7644,7656,7663,7665,7671,7852,7875,7903,7916,7920,7929,7953,7955,7957,7958,7961,7985

邓哲熙　6287,6926,7044

邓之诚　1921,1971,2942,5823,7533,7550,7731

邓芷灵　3389

狄超白　4463,6826-6830,6832,6833,6835,6836,6838-6841,6843,6845,6847,6848,7476,8117

丁福保(仲祜)　138,918,982,1199,1630,1873,1939,2901,3340,3376,3379,3382,3387,3388,3398,3405,3410,3422,3461,3465,

3720,8286,8313

丁辅之　2133

丁君陶　5157

丁立淮　4939,4941,4950,4951,4953-4958,4969,4970,4978,5012,
5024,5025,5072,5149,5187,5200,5205,5213,5220,5428,5451

丁名楠　7742

丁声树　6791,6865,6914,6933,6943,6953,7049,7172,7189,7235,
7253,7332,7625,7650,7666,7705,7718,7742,7946

丁西林　5752,6436,6446,6455

丁锡田（稼民）　1916,1930

丁晓先　56,77,85,99,112,114-116,120,122,124,126-130,134,
143-145,201,203,204,206,209-211,215-220,222,224,227,228,
232,235,239,241,244,252,257,263,266,269-271,273,275,279,
280,283-286,288,289,293,295-297,300-304,309,310,312,315,
317,318,321,326,332,336,337,339,350-353,355,369,374,379,
396,399-401,412,414,426,427,429,433,455,456,462,464,466,
467,469-472,474-476,478,479,482,484,522,527,532,535,536,
538,545-550,552,623,744,765,783,1082,1213,1216,1221,1229,
1239,1243,1244,1258,1260,1265,1285,1287,1346,1827,1829,
1831-1835,1839,1847-1850,1853,1855,1859,1860,1862,1866,
1869,1872,1893,1895,1898,1902,1903,1905,1907-1911,1913-1916,
1918,1922,1924,1925,1927-1930,1932,1934-1938,1941-1947,
1949,1951-1953,1955,1957,1958,1960,1968,1971,1973-1975,
1977,1978,1980,1982,1984-1993,1995-1997,1999,2000,2003,
2004,2007,2008,2011,2013-2015,2018,2020,2037,2040,2042,

主要人名索引 8447

2044,2046-2051,2053,2054,2057,2059,2060,2062,2065,2066,
2068-2070,2074,2076,2077,2080,2083,2084,2089,2093,2095,
2099-2104,2106,2107,2109,2110,2113,2116,2117,2120,2121,
2123,2127,2128,2130-2132,2136,2139,2143,2146,2149,2151,
2152,2155-2162,2167-2170,2174,2175,2178,2195-2201,2203-2208,
2210-2212,2215,2218,2220,2224-2226,2228,2229,2234,2239,
2254,2255,2259,2278,2279,2285,2286,2288,2299,2301-2303,
2305,2308-2311,2316,2326-2329,2335,2341,2355,2360,2375,
2380,2382,2391,2392,2395,2410,2414,2417,2423,2438,2439,
2475,2492-2495,2520,2540,2543,2546,2563,2564,2600-2602,
2609,2610,2618,2637,2638,2647,2660,2662,2664,2666,2668,
2670,2671,2689,2693,2695,2707-2709,2738,2745,2749,2782,
2795,2799,2818,2819,2846,2847,2850,2858,2866,2869,2873,
2880,2884,2888,2892,2902,2905,2907,2914,2930,2942,2949,
2982,2988,2990,3034,3040,3052,3058,3067,3121,3134,3188,
3210,3211,3225,3268,3290,3291,3303,3453,3455,3494,3527,
3578,3713-3716,3729-3731,3733,3734,3754,3812,3833-3842,
3846,3848,3850,3858,3860-3862,3870,3871,3885,3886,3888,
3891,3894,3897,3907,3911,3925,3926,3959,3976,3977,3983,
3987,3988,3997,4020,4043,4048,4051,4057,4059,4065,4069,
4073,4075,4083,4084,4087,4093,4105,4110,4123,4139,4144,
4173,4186,4192,4202,4219-4221,4227,4234,4235,4245,4255,
4257,4279-4282,4284,4288,4298,4306,4313,4315,4317,4319,
4321,4326,4412,4413,4431,4438-4440,4442,4452-4454,4461,
4463-4465,4469-4472,4475,4476,4479,4484,4487,4489,4516-4518,

4521,4523,4524,4528,4529,4532,4535-4537,4540,4542,4543,
4550,4552,4555,4559-4561,4565,4570,4571,4576,4583,4588,
4589,4593,4596,4597,4601-4603,4606,4611,4617,4621,4622,
4630,4631,4635,4640,4641,4649,4651,4659,4661,4665,4674,
4675,4678,4679,4686,4689,4690,4693,4697,4713,4717,4721,
4722,4735,4741,4742,4744,4745,4747,4749-4751,4753,4761,
4762,4765,4768,4775-4778,4786,4788,4791,4800,4802,4806-4808,
4812,4816,4819,4828,4831,4832,4843,4844,4849,4851,4854,
4856,4857,4860,4868,4872,4877,4881,4891,4893,4896,4901,
4902,4909,4913,4921,4922,4931-4933,4945-4949,4962,4968,
4973,4986,4994,5000,5004,5011,5022,5045,5050,5075,5089,
5100,5102,5110,5127,5129,5134,5141,5148,5155,5159-5161,
5166,5173,5174,5179,5183,5190,5194,5200,5202,5204-5206,
5209,5221,5229,5230,5232,5243,5244,5254,5257,5271,5274,
5284,5296,5297,5300,5306,5307,5310,5313,5314,5317,5318,
5328,5329,5333,5334,5343,5349,5351,5356,5359,5363,5369,
5372,5374,5378,5394,5400,5410,5412,5418,5421,5425,5426,
5438,5441-5444,5447,5453-5455,5458,5460,5462,5473,5474,
5485,5488,5499,5500,5508,5543,5548,5558,5566,5570,5571,
5578,5580,5588,5590,5595,5597,5598,5609,5615,5629,5633,
5647,5669,5674,5679,5684,5691,5692,5708,5711,5715,5716,
5718,5725,5728,5730,5731,5735,5738,5740,5750,5759,5760,
5769,5770,5772,5773,5791,5796,5797,5815,5820,5824,5837-5839,
5845-5848,5850,5859,5865,5872,5949,5990,6005,6009,6016,
6025,6028,6042,6049,6050,6061,6068,6117,6119,6121,6131,

6137,6157,6158,6175,6187,6193,6202,6204,6209,6211,6214,
6221,6224,6225,6229,6236,6246,6268,6287,6288,6316,6337,
6338,6368,6369,6396,6401,6420,6425,6429,6438,6456,6457,
6459,6463,6489,6493,6495,6499,6501,6502,6507,6509,6512-6514,
6516,6518,6520,6578,6579,6588,6589,6595,6599,6637,6640,
6641,6647,6665,6682,6699,6701,6707,6710,6729,6770,6774,
6787,6791,6792,6855,6871,6875,6880,6890,6896,6909,6911,
6918,6919,6925,6943,6963,6986,6994,6999,7019,7028,7038,
7041,7047,7055,7067,7068,7097,7106,7123,7146,7148,7165,
7168,7197,7212,7220,7263,7264,7329,7335,7356,7365,7374,
7375,7425,7449,7456,7457,7462,7497,7540,7569,7571,7585,
7608,7618,7662,7675,7694,7700,7744,7752,7761,7780,7789,
7807,7808,7815-7817,7830,7851,7863,7869,7878,7881,7886,
7889,7907,7910,7932,7939,7952,7953,7970-7972,7985,8002,
8040,8360,8361,8394

丁英桂　1469,2982,3487,3557,6299,6308,6311

丁瑜　5494,5747,7066

董乃斌　7370,7627,7757,7782,7810,7841,7953,7954,7965,7966

董秋斯　4139,4140,4351,4361,4623,7746

董守义　6229,6230,6264,6286,6295,6317,6333,6360,6370,6378,
6387,6388,6390,6393,6397,6424,6460,6520,6626,6646,6656,
6734,6779,6786,6809,7007,7013,7014,7018,7046,7073,7242,
7257,7282,7319,7409,7414,7435,7456,7460,7467,7471,7475,
7480,7484,7490,7492,7495,7510,7515,7521,7524,7536,7604,
7613,7641,7665,7667,7669,7673,7674,7676,7682,7685,7687,

7689,7691,7714,7716,7718,7721,7725,7726,7729,7734,7737,
7741,7742,7746,7757,7761,7774−7778,7780,7801,7805,7807,
7813,7851,7855,7861,7863,7886,7903,7933,7935,7937,7941,
7942,7949,7954

董渭川　6231,6555−6562,6564−6577,6691,6698,6901,6923−6925,
6928,7008,7018,7020,7090,7092,7293,7695

杜海生　1407,1640,1641,1667,1726,1777,1778,4432

杜纪堂　2096,2638,2975,2998,3012,3029,3087,3107,3129,3159,
3165,3177,3297,3312,3718,3823,3828,3830,3836,4503

杜克明　1631,1645,2221,2222,2351,2360,2395,2396,2419,2534,
2551,2754−2756,3248,3561,3773,3784,3789,3803,3806,3857,
3881,3907,3909,3935,3972,4100,4155,4158,4186,4220,4248,
4296,4338,4420,4432,5126

杜仁懿　7770,7771,7774−7777,7786,7855,7936

端木蕻良　4133,4746

F

樊骏　5254,5345,5636,5650,5759,5842,5886,5948,5950,6049,6396

樊仲云　29,33,37,40,46,55,74,89,233,275,295,322,324,398,399,
405,406,412,413,423,425,429,448,451,457,459,462,466,471,
474−476,481,484,486,488,521,595,602,613,625,634,636,675,
703,714,715,720,732,739,740,771,772,793,798,859,861,864,
877,878,881,896,908,919,950,952,955,967,972,1039,1041,
1069,1078,1089,1096,1108,1118,1125,1141,1147,1149,1201,
1205,1226,1232,1245,1256,1257,1266,1272,1293,1296,1310,

1326,1332,1339,1341,1347,1430,1433,1475,1498,1531,1544,
1548,1584,1613,1618,1622,1645,1681,1682,1722,1731,1786,
1818,1875,1879,2084,2379,2875,3414

范宁　5141,5160,5250,5264,5272,5335,5353,5357,5397,5412,
5431,5435,5459,5469,5547,5573,5617,5618,5644,5665,5671,
5690,5735,5795,5874,5906,5912,5947,5979,6018,6026,6029,
6033,6938,7181,7206,7464,7989

范寿康(允臧)　1477,1497,1499,1818,1955,2132,2188,3389,3406,
3444,3713,3715,3738,3739,3742,3744,3746,3749,3751-3753,
3783,3785,3900,3901,3904-3906,3909,3934,3984,3985,4031,
4041,4194

范叔平　3740,4725,4726,6035,6038,6039,6042,6049,6056,6105,
6134,6145,6157,6161,6165,6218,6244,6257,6263,6267,6275,
6280,6291,6316,6317,6320,6321,6327,6341,6342,6378,6382,
6403,6404,6408,6417,6628,6663,6742,6743,6751,6792,6906,
6931,7141,7204,7211,7228,7258,7274,7283,7295,7296,7300,
7303,7308,7314,7343,7350,7359,7370,7529,7554,7564,7565,
7568,7570,7739,7748,7757,7782,7810,7821,7822,7824,7826,
7833,7841,7843,7852,7875,7877,7903,7916,7920,7924,7929,
7942,7948,7953,7958,7965,7966,7973

范文澜(仲沄)　3811,4299,4674,4678,4689,4693,4710,4715,4725,
4729,4813,4814,5033,5111,5461,5909,6048,6106,6286,6553,
6713,6772,6926,7197,8056

范洗人　1799,1801,1805,1806,1813,1818,1819,1826,1829,1831,
1833,1834,1839,1847-1850,1855,1859,1860,1865-1868,1872,

1893,1898,1902,1903,1907,1910,1914,1918,1920,1924,1925,
1927,1930-1932,1934-1937,1941-1943,1945-1947,1949,
1951-1955,1957,1958,1964,1968,1971-1975,1977,1978,1980,
1982,1984,1985,1989,1992-1994,1997,1999,2003,2004,2007,
2015,2018,2020,2038,2040,2042,2046-2050,2053,2054,2057,
2059,2065,2070,2071,2087-2089,2092-2095,2100,2101,2104-2107,
2109,2111,2113,2115-2117,2120,2121,2127,2130-2133,2135-2137,
2139-2141,2143,2145,2146,2148,2149,2151,2153,2155-2160,
2162,2167,2168,2171,2174,2175,2178,2179,2188,2195-2198,
2201,2203,2204,2206,2207,2210-2216,2218,2220-2222,2225-2227,
2229,2231,2232,2234,2235,2239,2242,2247-2251,2254-2263,
2270,2273,2275,2279,2281,2282,2286,2287,2290,2296,2301,
2303-2306,2314-2316,2318,2320-2322,2341,2348,2351,2354,
2356,2365,2376-2378,2386,2390,2393,2402,2410,2415,2417,
2423,2425,2433,2438,2442,2446,2448,2449,2456,2459,2474,
2480,2487,2488,2493-2495,2501,2503,2508,2517,2523,2525,
2527-2533,2537-2539,2541,2542,2545,2550,2553-2555,2557,
2558,2561,2562,2567,2570,2572,2575,2577,2579,2602,2612,
2615-2618,2621,2623,2628,2629,2632,2633,2636,2639-2642,
2644,2651,2652,2657,2658,2668,2672-2674,2676,2678-2682,
2684,2686,2690,2692,2693,2695,2699-2701,2704,2710-2712,
2718,2720,2722,2727,2729-2731,2733,2737,2739-2741,2747-2750,
2752,2755,2758,2761,2762,2765,2770,2773,2775,2777,2781,
2782,2787-2790,2794,2795,2797,2801,2803,2805-2811,2813-2815,
2818,2819,2824,2828-2834,2838,2844,2846,2847,2851,2852,

2854,2857,2858,2860,2863,2865,2866,2871,2875,2877,2879-2881,
2885,2886,2888-2890,2892,2894,2897,2899-2901,2903-2909,
2913,2915,2918,2921,2926,2929-2931,2936,2946,2947,2949,
2953,2962,2964-2966,2973,2976,2980,2982,2983,2988,2992,
2998,3001,3004,3007,3009,3014,3020,3023,3024,3032,3036,
3042,3047,3051,3055,3058,3059,3061,3066,3068,3069,3077,
3082,3086,3090,3092,3096,3097,3099,3100,3102,3104,3106,
3108,3109,3116,3118,3119,3121,3125-3129,3133-3137,3140,
3143,3148,3150,3151,3154,3155,3158,3163,3168,3169,3172,
3174,3176,3177,3180,3183,3184,3188,3192,3197,3200,3202,
3203,3206,3211,3212,3215,3220,3225,3227,3229,3231,3234,
3238,3243,3246,3247,3252,3258,3282,3291-3294,3299,3301-3303,
3305,3309,3310,3312,3314,3321,3325,3329,3331,3333,3335,
3342,3345,3346,3351,3359,3363,3373,3389,3396,3399,3400,
3403,3406,3411,3413,3415,3419,3420,3422-3424,3426,3428,
3429,3431,3433,3435,3438,3440,3444,3447,3448,3450,3451,
3453,3461,3470,3471,3473,3481,3483,3484,3486,3487,3514,
3516,3517,3525,3530,3531,3536,3563,3567,3599,3609,3623,
3701-3703,3706,3708-3711,3714-3716,3718,3722,3724-3732,
3735,3736,3739-3745,3749-3768,3771,3774-3779,3781,3782,
3784,3785,3788-3790,3792-3797,3799,3801-3809,3813,3814,
3819-3823,3825-3829,3832,3834-3837,3839-3844,3847-3852,
3854-3856,3858-3863,3865,3866,3868,3870-3872,3876-3879,
3881-3885,3887-3890,3892-3897,3900-3908,3910-3912,
3914-3917,3920,3922-3936,3938,3939,3942,3943,3945,3946,

3948-3951,3953-3956,3959,3962,3964-3966,3968-3973,
3976-3978,3980,3981,3988,3990,3993,3994,3996,3998,4000,
4001,4003,4004,4006,4009,4010,4012,4013,4017,4019,4021-4027,
4029,4030,4033,4039-4041,4044-4049,4052-4054,4057-4062,
4065-4068,4071,4074-4076,4079,4080,4082-4084,4086,4087,
4089,4091,4093,4094,4096,4099,4100,4102,4105,4107,4108,
4110,4111,4113-4115,4117,4120,4121,4123-4126,4129,4132-4134,
4136,4138,4139,4142,4144,4149,4154,4157-4159,4161,4163,
4165,4166,4171,4172,4177,4180,4182-4184,4187,4190,4191,
4193-4195,4197,4199-4201,4204,4208,4210,4213,4214,4218,
4221,4225,4228,4229,4233,4238-4240,4244,4245,4253,4254,
4257,4258,4264-4267,4269-4272,4279,4281,4283,4287,4291,
4292,4294,4301,4304,4305,4309,4310,4312,4313,4317,4324,
4325,4330,4333,4340,4342,4344,4346,4347,4350-4352,4354-4356,
4358,4361-4364,4366-4371,4373-4377,4382,4383,4385-4388,
4390,4393,4395,4396,4398,4403,4405,4406,4409,4414,4416,
4422,4424,4425,4427-4430,4432,4433,4435-4445,4447-4468,
4470-4473,4475,4476,4478,4483-4485,4487-4489,4491-4496,
4498,4499,4501-4507,4510,4511,4513,4516-4529,4534,4539,
4541,4542,4544,4545,4547,4552,4556,4557,4568,4571,4575,
4580,4585-4587,4590,4614,4657,4711,4719

范烟桥　2494,2605,2660,2897,3898,7201,7342

范长江　3011,7785

方曙先(光焘、煦先)　236,237,282,283,385,397,419,425,451,457,
459,469,528,532,573,615,694,732,1290,1293,1296,1326,1332,

1338,1339,1347,1381,1398,1407,1413,1428,1434,1475,1477,
1483-1485,1490,1498,1589,1655,1678,1682,1710,1711,1787,
1789,1792,1803,1818,1929,1961,1970,1978,2000,2017,2058,
2064,2084,2095,2096,2099,2108,2125,2132,2134,2149,2153,
2158,2175,2198,2225,2227,2257,2314,2317,2336,2392,2397,
2437,2491,2492,2494,2497,2498,2508,2511,2527,2530,2537,
2544,2564,2567,2571,2573,2580-2582,2590,2599,2603,2604,
2606,2609,2619,2623,2627,2633,2639,2660,2668,2693,2697,
2713,2760,2761,2764,2771,2784,2790,2797,2805,2815,2823,
2838,2841,2844,2849,2852,2867,2880,2885,2890,2900,2903,
2904,2918,2936,2937,2939,2943,2946,2947,2949,2964,2965,
2976,2982,3001,3009,3014,3016,3023,3024,3031,3032,3055,
3058-3060,3069,3072,3077,3086,3092,3097,3118,3125,3136,
3154,3159,3175,3180,3198,3202,3223,3234,3250,3253,3263,
3277,3287,3289-3291,3293,3781,3782,3784,3787,3795,3806,
3813,3819,3821,3822,3863,3878,3886,3915,3916,3962,3970,
3985,4043,4111,4236,4493,4494,4669,4670,5107,5287,5288,
5869,6229,6231,6235,7569

方仲达　870,1294,1405,1968,2797,3119,4035

费启能　6253,6555,6572,6576,6581

费孝通　6393,6414,6733,6924,7146,7147,7363,7801,8047,8410

丰子恺　283,374,388,397,419,543,594,910,1626,1901,2165,2234,
2259,2260,2438,2452,2464,3848,3851,3947,4005,4025,4037,
4048,4083,4084,4113,4114,4117,4138,4163,4259,4308,4360,
4371,5856,5860,6229,6235

冯宾符（仲足） 3497,3590,3591,3608,3692,3693,3698,3702,3708,
3731,3735,3740,3744,3762,3768,3782,3786,3809,3845,3846,
3854,3866,3881,3889,3920,3977,4020,4035,4138-4140,4195,
4233,4442,4456,4465,4487,4591,4613,4623,4650,4653-4655,
4675,4676,4686,4746,5826,6230,6235,6286,6317,6420,6683,
6703,6761,6779,6780,6782,6890,7007,7013,7031,7147,7187,
7209,7240,7257,7259,7260,7282,7286,7309,7367,7436,7557,
7584,7596,7598,7623,7624,7634,7671,7728,7750,7758,7797,
7819,7870,7968

冯达夫 2-4,54,81,91,131,149,163,219,223,336,354,355,584,
1461,1622,1938,2349,3718,3972,3979,3990,3991

冯家升 6772,6795,6914,6953,7067,7282,7625,7666,7705,7718,
7750

冯昆甫 3389,3390,3470,3502,3503,3618

冯其庸 6900,6941,6958,7150,7181,7418,7457,7514,7848

冯少山 6230,7013

冯文彬 4781,4783

冯雪峰 4653,4655,5231,5247,5265

冯亦吾 7431,7432,7434,7467,7497,7615

冯友兰（芝生） 884,1068,1342,2875,2890,2964,2968,2977,2979,
3741,3831,4443,4931,5644,5671,6005,6234,6281,6414,6519,
6857,7025,7052,7410,8258

冯友樵 2270

冯沅君 1083,1086,1117,1266

冯至 4991,4997,5254,5526,5791,7488,7582,7655,7824,7985

符其珣　4465

傅彬然（冰然）　1399,1428,1434,1445,1467,1510,1523,1598,1605,
1644,1657,1658,1671,1672,1703,1715,1725,1726,1762,1787,
1801,1804,1895,2149,2261,2281,2284,2287,2288,2402,2464,
3701,3747,3751-3753,3762,3764-3766,3771,3776,3777,3779,
3780,3782,3788-3790,3796,3799,3803,3805,3808,3814,3819,
3822,3827,3832,3835,3837,3843,3856,3861,3863,3866,3867,
3870,3871,3877,3888-3890,3892,3896,3897,3900,3903,3904,
3906,3912,3914,3922,3928-3932,3935,3938,3939,3945,3953,
3954,3956,3959,3969,3982,3990,3994,3997,3998,4029,4030,
4039,4048,4050,4053,4057,4062,4064,4066,4071,4072,4079,
4081,4083,4084,4087,4090,4092-4094,4100,4105,4116,4117,
4119,4120,4123,4125,4126,4129,4131-4133,4138-4140,4143,
4159,4183,4188,4194-4197,4201,4205,4214,4239,4280,4292,
4300,4326,4347,4361,4374,4438-4441,4445,4447,4449,4452-4454,
4456,4457,4461,4463-4467,4470,4473,4482,4487-4489,4516,
4524,4528,4532,4534-4536,4545,4547,4548,4552,4553,4561,
4564,4570,4587-4589,4594-4603,4605,4608,4609,4613,4614,
4616-4621,4623-4625,4629-4631,4633,4634,4637-4639,4641,
4644,4645,4647-4650,4652-4655,4657-4659,4661,4662,4664-4666,
4668-4676,4678,4680-4682,4684-4687,4689,4690,4692-4695,
4697-4701,4703,4705,4707,4708,4710,4711,4713-4717,4719,
4721,4722,4724,4725,4727-4732,4734-4736,4738,4739,4741,
4742,4745-4747,4749-4757,4759-4762,4764,4766,4768-4770,
4775-4781,4783,4784,4786,4787,4789-4794,4796-4801,4803,

4804,4806-4817,4819,4821-4823,4825,4826,4828-4833,4836-4839,
4841 - 4843, 4845 - 4850, 4852 - 4857, 4859 - 4865, 4867 - 4869,
4871-4876,4878,4881-4884,4886,4888,4890-4894,4896-4898,
4900-4906,4908,4909,4911,4912,4914,4919,4920,4926,4928,
4934,4939,4941,4943,4944,4947-4952,4955,4965,4969,4973,
4977,4978,4980,4994,5012,5023-5027,5032,5041,5042,5056,
5061,5072,5091,5099,5100,5103,5104,5109,5131,5137,5138,
5143,5155,5164,5174,5176,5177,5187,5189,5194,5200-5202,
5225,5227,5229,5236,5240,5271,5276,5283,5287,5293,5329,
5337,5349,5350,5352,5353,5359,5374,5387,5388,5410,5413,
5425,5426,5447,5451,5452,5458,5477,5480,5507,5509,5543,
5598,5633,5684,5705,5898,6017,6128,6147,6228,6230,6231,
6242,6247,6256,6272,6321,6332,6337,6351,6355,6393,6394,
6420,6428,6520,6581,6689,6701,6711,6917-6919,6965,6987,
7013,7029,7062,7067,7072,7088,7148,7209,7253,7258,7265,
7287,7309,7319,7363,7372,7424,7440,7444,7456,7460,7461,
7467,7475,7490,7503,7506,7515,7521,7524,7536,7542,7557,
7571,7598,7600,7601,7604,7613,7617,7626,7627,7650,7653,
7661,7663,7666,7669,7671,7673,7676,7678,7681,7683,7685,
7687,7691,7703,7705,7707,7711,7753,7770,7786,7805,7807,
7809,7813,7815,7831,7834,7851,7855,7860,7876,7878,7879,
7883,7903,7912,7933,7935,7941,7942,7949,7954

傅东华　33,34,37,44,46,47,52,53,63,71,72,78,89,218,219,354,
467,470,476,480,488,525,565,732,739,750,753,772,787,793,
798,861,878,881,895,896,908,919,955,967,1011,1065,1069,

1081,1083,1086,1089,1096,1102,1104,1109,1117,1120,1124-1127,
1131,1134,1135,1201,1226,1250,1256,1286,1295,1296,1310,
1332,1339,1347,1397,1425,1430,1433,1474,1475,1498,1506,
1512,1519,1531,1533,1544,1548,1559,1595,1597,1598,1613,
1618,1622,1645,1655,1676,1681,1705,1763,1780,1799,1818,
1837,1839,1903,1904,1936,1970,2008,2017,2064,2102,2105,
2108,2125,2147,2149,2300,2375,2400,2517,2519,2530,2609,
2627,2651,2764,2806,2815,2834,2841,2956,2960,2975,2998,
3011,3012,3029,3087,3107,3159,3161,3164,3177,3181,3202,
3252,3297,3304,3340,3351,3390,3391,3506,3510,3639,3822,
3828,4129,4136,4502,4503,4882,4887,4889,4913,4916,4922,
4923,4928,4935,4939,4941,4946,4947,4949-4951,4957,4960,
4964,5034,5037,5248,5249,5254,5257,5261,5282,5287,5299,
5309,5319,5343,5348,5349,5353,5354,5652,5654,5851,5855,
5990,6225,6226,6299,6305,6306

傅耕莘　2711,2718,2828,2832,2846,2899,3009,3074,3076,3094,
3132,3296,3299,3307,3368,3370,3371,3389,3397,3408,3410,
3423,3428,3442,3448,3477,3486,3489,3515,3525,3549,3561,
3585,3608,3639,3640,3666,3671,3710,3715,3717,3752,3755,
3815,3831,3872,3882,3884,3893,3894,3905,3938,3951,3965,
3966,3977,3989,3992,4010,4022,4025,4032,4065-4067,4087,
4093,4108,4162,4166,4206,4308,4309,4371-4378,4383,4384,
4393,4451-4455,4457-4460,4462,4463,4465,4467,4468,4599,
4610,4611,4615,4869,4931,4936,5023-5027,5200-5202,5211,
5228-5230,5236,5450-5452,5856,6158-6160,6162

傅乐焕　6695

傅雷（怒安）　3704,3705,3709,3711,3712,3719,3729

傅懋勋（懋勋）　7625

傅斯年（孟真、孟珍）　470,475,482,483,491,500,506,518,531,572,
　597,641,647,653,654,667,696,787,890,900,1149,1931,1934

傅彦长　372,443,459,476,480,484,488,535,878

傅鹰　6229,6249,7406,7409,7413,7416

傅运森（纬平）　12,31,44,165,208,884,916,941,942,981,982,984,
　1029,1043,1093,1121,1123,1131,1148,1197,1435,1450,1460,
　1482,1484,1486,1547,1558,1570,1722,2988,4627

G

高国藩　5886

高亨（晋生）　2944,3246,3998,8258

高季琳　3473,3714,3802,3811,3813,3814,3818,3819,3821,3823,
　3857,3895,4579

高觉敷　406,457,532,569,584,736,745,785,793,869,886,896,963,
　964,1041,1125,1135,1207,1208,1210,1230,1238,1262,1263,
　1265,1272,1290,1293,1317,1326,1345,1395,1397,1432,1435,
　1437,1438,1442,1443,1465,1485,1486,1546,1551,1563,1565,
　1566,1589,1590,1678,1818,1971,1972,3848,4116,4117,4910

高君定　1429,1436,1980,3987

高君箴　1,33,54,1069,1266,1730,3469,3910,4047,4138,4935,
　5237,6012,6138,6321,6350,6694,6761,6813,7131,7188,7210,
　7229

高梦旦　18,256,568,871,879,884,1008,1010,2134

高名凯　4931,5851

高逸群　5370,5373,5381,5435,5459,5665,5671,5709,5710,5725,
5827,5850,5997,6145,6226,6227,6354

高祖文　3719,3722,3730,3731,3737-3740,3750,3751,3757,3758,
3760,3771,3780,3781,3784,3788,3801,3886,3988,4093,4131,
4134,4139,4439,4456,4589,4904,4928,4994,5060,5064,5370,
5580,5667,5696,5769,5839,6855,6987,7109,7296,7364,7431,
7457,7656,7858,7927,8295-8297,8300,8302,8304

戈宝权　3954,6818,7063,7124,7176,7221,7270,7359,7453,7502,
7564,7985

葛石卿　1451,1452,1608,1653,1686,1696,1705,1761,2134,2141,
2150,2985

葛涛　5207,5424,5665,5766,5862,6184,6463,6464,6487,6489,
6491-6493,6500,6617,6927,7013,7104,7142,7179,7349,7361,
7685-7687,7717

葛韫山　3737

葛志成　6230,6243,6245,6249,6257,6260,6264,6327,6388,6390,
6391,6393,6394,6432,6520,6626,6646,6779,6869,6890,6901,
7007,7013,7045,7052,7072,7136,7147,7156,7180,7240,7282,
7319,7366,7435,7440,7444,7456,7460,7471,7475,7480,7490,
7495,7510,7515,7521,7524,7536,7537,7557,7633,7641-7643,
7715,7770,7771,7773,7775,7777,7786,7793,7800,7805,7807,
7813,7815,7851,7854,7855,7863,7868,7883,7902,7912,7933,
7936,7937,7941,7942,7945,7949,7954,8047,8273,8369,8410

葛志良　3234,3636,3643,3647,3651,3657,3665,3668,3678,3693,
3695-3697,3699,3706,3720,3732,3746,3754,3765,3778,3794,
3800,3816,3823,3824,3835,3840,3841,3853,3864,4117,4238,
4244,4245,4304,4316,4431,4795,4987,5194,5290,5328,5425,
5518,5575,5601,5821

耿济之　126,798,861,959,960,967,1069,1183,2125,2147,2149,
3011,3121,3164,3216,3257,3261,3299,3300,3304,3307,3308,
3338,3357,3361,3371,3373,3377,3385-3388,3393-3396,3399,
3401-3403,3407,3409-3412,3415-3417,3423,3426,3427,3430,
3431,3436,3437,3442,3445,3448,3455,3458,3461,3462,3466,
3469,3472-3474,3477,3479,3483,3485,3489,3492,3496,3497,
3499-3501,3503,3506,3510,3513,3519,3524,3525,3529,3533,
3536,3541,3543,3544,3551,3553,3561,3576,3581,3584,3585,
3589,3590,3596,3606,3608,3610,3635,3637,3638,3640,3649,
3655-3657,3659,3668-3670,3682,3689-3693,3696,3701,3703,
3705,3708,3710,3712,3714,3852,3854,3861,3908,3910,3920,
3927,3944,4401

谷春帆　1662,1691,3853,5232,6368,6901,7770

顾炳生　3250

顾剑秋　15,3512,3523,4131,4263

顾颉刚　6,10,11,16,18,25-27,30-32,35,38,40,44,47,50,52,54,
57-60,66,67,70,72,76,78-80,83,88,90,96,97,103,107,110,
111,114,124,126,134,142,148-156,158-160,163-174,176,
178-180,184,188,189,191,216,223,227,232,240,246,248,249,
251,265-268,276,284,286,292-294,301,310,315,325,327-332,

334,335,338-346,348-350,352,352,353,355,356,359,365,372,
382,384,387,388,397,419,428,434,436,443-446,450,465,468,
470,478,488-506,514,517,541,569,570,572,575-577,579,584,
589,590,592,596,597,600,601,603,606,609,613-616,618,625,
641-643,647,649,650,652-658,660-662,665-669,671-673,679,
692,694,697,700,740,749,756,768,772-776,782,800,801,803,
808,811,819,820,822-829,831-836,858-860,866,871,872,
881-883,885-889,896,900,908-910,912,914,915,927,932,936,
938,943-945,958,964,971,972,974,985-994,996-1006,1016,
1019,1039,1048,1065,1069,1083,1085,1116,1117,1124,1126,
1148-1151,1154,1156,1158,1161,1163,1164,1166,1168,1170,1171,
1173,1174,1181,1197,1202,1226,1237,1242,1247,1261,1267,1280,
1282,1330,1337,1342,1350-1354,1358-1362,1364-1370,1401,
1409,1411,1420,1421,1424,1435,1443,1460,1474,1480,1509,
1526,1545,1549-1554,1557,1558,1560,1561,1563-1566,1569,
1571,1572,1574,1591,1675,1709,1730,1738,1797,1833,1866,
1872,1875,1879,1908,1913,1916,1918,1921,1935,1936,1944,
1980,1987,2017,2038,2048-2050,2071,2085,2118,2119,2147,
2148,2152,2180,2198,2202,2203,2246,2247,2267,2273,2311,
2337,2388,2407,2410-2413,2439,2445,2473,2484,2488,2507,
2509,2511,2520,2521,2554,2590,2594,2623,2630,2631,2633,
2660,2691,2723,2734,2735,2741,2745,2749,2750,2753,2756,
2759,2764,2765,2769,2777,2796,2799,2826,2834,2839,2844,
2850,2851,2855,2856,2865,2867,2890,2899,2902,2905,2907,
2909,2910,2913,2916,2919,2920,2922,2929,2933,2936,2947,

2949,2951,2953,2955,2959,2961,2972,2977,2985,2995,2997,
2999,3001,3024,3028,3032,3045,3050,3051,3071,3074,3075,
3083,3086,3096,3115,3123,3146,3148,3150,3151,3153,3154,
3160,3172,3174,3175,3177,3189,3208,3222,3228,3231,3249,
3252,3266,3288,3298,3312,3324,3332,3449,3450,3452,3454,
3458,3459,3461,3465,3468,3484,3485,3513,3551,3568-3570,
3572,3573,3576,3583,3587,3591,3592,3595,3597,3610,3621,
3623,3641,3642,3649,3650,3706,3709,3793,3795,3797,3798,
3805,3811-3814,3816,3818-3820,3822-3824,3826,3827,3831,
3837,3841,3842,3846-3848,3850,3852-3857,3862,3864-3868,
3870,3880,3881,3883,3884,3886-3890,3895,3905,3908,3910,
3916,3917,3928,3942,3943,3969,3979,3984,3987-3991,4019,
4024,4030,4031,4054,4055,4065,4067,4089,4094,4109,4110,
4127,4135,4157,4162,4163,4179,4188,4205,4235,4240,4285,
4296,4301,4304,4332,4348,4364,4387,4388,4397-4399,4404,
4405,4410,4416,4417,4423,4432,4434,4466,4468,4496,4508,
4520,4534,4541,4543,4553,4560,4562,4563,4569,4584,4593,
4601,4603,4604,4622,4637,4676,4680,4682-4684,4688-4691,
4694,4695,4698,4703,4709,4718,4726,4727,4734,4735,4748,
4778,4851,4853,4863,4866,4885,4914,4920,4936,4943,4944,
4960,4969,4976,4978,4979,4985,5006,5007,5023,5062,5105,
5157-5159,5161,5165,5168,5172,5174-5176,5184,5187,5195,
5202,5213,5241,5248,5255,5257,5278,5294,5297,5299,5303,
5304,5315,5316,5322,5327,5332,5333,5335-5337,5344,5346,
5349,5352,5361,5370-5372,5374,5382,5399,5402,5406-5408,

5422,5440,5441,5444-5448,5450,5454,5455,5457,5463,5464,
5471,5488,5497,5500,5508,5509,5511,5524,5530,5531,5540,
5548,5560,5565,5571,5572,5575,5586-5588,5592,5597,5598,
5605,5610,5612,5613,5617-5619,5623,5631,5645-5647,5649,
5673,5684,5685,5694,5697,5701,5749,5751,5757,5770,5771,
5815,5816,5827,5829,5838,5842,5853,5856,5863,5882,5898,
5899,5910,5912,5994,5995,5999,6004,6005,6012,6014,6026,
6036,6045,6056,6059,6062,6079-6082,6125,6136,6140,6147,
6151,6161,6169,6181,6184,6196,6222,6227,6230,6231,6235,
6238,6243,6249,6253,6255,6264,6266,6272,6285-6288,6324,
6336,6339,6352,6355,6356,6359,6360,6366,6368,6370,6376,
6378,6380,6384,6386-6388,6390,6392-6394,6397,6405,6407,
6412,6416,6418,6420,6424,6425,6428,6432,6433,6462,6464,
6470,6498,6499,6513,6514,6519,6520,6526,6527,6534,6537,
6553,6554,6587,6596,6629,6636,6639,6641,6642,6646,6648,
6654,6656-6659,6661,6664,6666,6670,6672,6673,6683,6694,
6695,6698,6704,6707,6709,6712,6713,6727,6731,6733,6734,6736,
6739,6741,6743,6747,6752,6758,6760,6761,6768,6772-6774,6779,
6781,6786,6788,6791,6793,6795,6798,6801,6803,6804,6810,
6813,6816,6820-6822,6824,6825,6828-6830,6832-6836,6838,
6839,6841-6848,6865,6867,6871,6881,6884,6887,6892,6898,
6903,6906,6912,6921,6922,6924,6926,6933,6940,6941,6952,
6953,6957,6959,6960,6964,6965,6987,7013,7024,7026,7030-7032,
7045,7049,7052,7056,7065,7067,7070-7074,7076,7079,7080,7082,
7083,7087-7089,7111,7112,7115,7116,7118,7120,7125,7130,7136,

7138,7140,7144-7146,7148,7151,7156,7161,7170,7172,7175,7178,
7180,7182,7188,7197,7198,7201,7212,7230,7233,7234,7236,7240,
7250,7253,7256,7259,7260,7277,7278,7282,7296,7298,7319,7321,
7323,7342,7344,7349,7353,7361,7365,7367,7371,7374,7412,7414,
7421,7424,7426,7433-7435,7448,7456,7474,7478,7493,7498,7537,
7547,7590,7601,7612,7621,7623,7625,7641-7643,7649,7650,7653,
7656,7659,7661,7663-7667,7669,7671,7673,7674,7676-7679,
7681-7683,7685,7687,7689-7692,7694-7696,7698-7700,7703,
7705,7707,7708,7710-7712,7714,7716,7718,7721,7723,7725,
7726,7728-7734,7737-7744,7746,7749-7751,7753,7755,7757,
7759,7761,7763,7769-7780,7783,7786,7789-7791,7793,7797,
7800,7805,7807-7809,7813,7818,7819,7827,7830,7850,7851,
7864,7884,7887,7889,7906,7908,7911,7914,7917,7930,7934,
7940,7941,7982,7999,8002,8011,8013,8016,8017,8023,8036,
8042,8053,8054,8062,8066,8079,8082,8084,8102,8106,8107,
8110,8119-8121,8123,8126,8129,8143,8164,8170,8175,8177,
8180,8181,8200-8203,8217,8219,8225,8234,8237,8261,8267,
8276,8281,8288,8305,8315,8329,8343,8352,8355,8356,8358,
8359,8369-8372,8375,8391,8392,8400,8402-8404,8412,8415,
8416

顾均正 295,322,448,486,536,613,859,907,1052,1069,1081,1099,
1136,1247,1252,1260,1294,1296,1399,1454,1461,1475,1681,
1696,1697,1713,1725,1726,1757,1770,1775,1778,1793,1794,
1815,1845,1848,1872,1893,1903,1916,1936,1951,1970,1989,
2111,2151,2162,2175,2178,2195,2263,2281,2283-2285,2287,

主要人名索引

2293-2295, 2297, 2305, 2314, 2317, 2324, 2325, 2327, 2330, 2333,
2367, 2378, 2382, 2383, 2385-2387, 2389, 2391, 2392, 2394, 2396,
2401, 2402, 2416, 2432, 2541, 2559, 2616, 2667, 2668, 2711, 2739,
2782, 2815, 2836, 2843, 2965, 2992-2994, 3020, 3024, 3136, 3148,
3196, 3199, 3280, 3289, 3294, 3296, 3299, 3301, 3309, 3312, 3319,
3323, 3327, 3333, 3341, 3346, 3356, 3363, 3378, 3382, 3387, 3388,
3392, 3397, 3406, 3428, 3435, 3437, 3455, 3456, 3473, 3481, 3488,
3495, 3503, 3513, 3516, 3517, 3532, 3538, 3550, 3554-3556, 3560,
3561, 3565, 3570, 3579, 3584, 3589-3591, 3597, 3599-3601, 3630,
3634, 3637, 3648-3650, 3665, 3666, 3670, 3676, 3679, 3680, 3682,
3683, 3685, 3687, 3689, 3691, 3693, 3695, 3697, 3701, 3708, 3715,
3716, 3723, 3725, 3728, 3734, 3738, 3739, 3743, 3750, 3753, 3758,
3759, 3761, 3762, 3764, 3765, 3767, 3771, 3775, 3779, 3783, 3788,
3790, 3796, 3800, 3805, 3808, 3809, 3814-3816, 3818, 3819, 3823,
3825, 3835, 3838, 3842-3844, 3848, 3851, 3853, 3854, 3857, 3860,
3864, 3866, 3867, 3870, 3871, 3873, 3874, 3876, 3878, 3883, 3887,
3895-3897, 3900, 3907, 3910, 3911, 3913, 3920, 3923, 3934, 3953,
3954, 3964, 3965, 3969, 3973, 3974, 3980, 3981, 3984, 3985, 3999,
4012, 4013, 4015, 4016, 4020, 4024, 4029, 4034, 4039, 4043, 4048,
4051, 4053, 4057, 4058, 4063, 4069, 4077, 4078, 4084, 4088, 4089,
4092, 4098, 4099, 4105, 4117, 4118, 4120, 4125, 4131-4133, 4135,
4146, 4149, 4150, 4152, 4156, 4183, 4185, 4188, 4195, 4201, 4203,
4218, 4220, 4221, 4223, 4224, 4228, 4231-4235, 4238, 4245, 4247,
4248, 4250, 4255, 4258, 4260, 4261, 4264-4271, 4273-4276, 4278,
4281, 4284, 4286, 4288, 4289, 4294, 4299-4303, 4305-4310, 4312,

4314,4317,4319,4324,4326,4328,4334,4338－4340,4342,4346,
4349,4351,4352,4354－4356,4358,4361－4363,4366,4369,4371,
4373－4378,4380,4382,4387,4390,4391,4393－4395,4400,4403－4405,
4407－4409,4414,4417,4418,4426,4441,4446,4447,4470,4471,
4474－4476,4479,4482,4485,4487,4489,4492,4493,4499,4502,
4504,4505,4516－4518,4520－4523,4525,4527,4529,4532,4536,
4540,4541,4544,4545,4548,4549,4552,4553,4555,4556,4558,
4560,4561,4563,4567,4568,4582,4585,4588,4589,4594－4597,
4600,4603,4606,4609,4611,4623,4634,4639,4648－4650,4652,
4654,4655,4658,4659,4664,4666－4668,4670,4672,4673,4675,
4678,4680－4682,4689,4690,4694,4695,4697,4698,4700,4702,
4703,4707,4708,4710,4711,4714,4715,4718,4721,4722,4725,
4730,4734,4736,4738,4740,4742－4744,4746,4748,4750,4753,
4754,4759,4765,4768,4769,4774,4775,4777,4779,4780,4785,
4792－4794,4796,4797,4799,4800,4803,4808,4810,4811,4814,
4817,4820,4822,4823,4825,4838,4845,4849,4851,4862,4867－4870,
4873,4875,4881,4892,4900,4906,4910,4914,4918,4922,4930,
4934,4935,4938,4939,4941,4948,4950,4953,4956,4957,4960,
4963,4969,4973,4977,4978,4980,4983,4989,4994,4999,5012,
5019,5023－5025,5029,5031,5032,5041,5042,5048,5062,5068,
5071－5075,5080,5081,5099,5100,5132,5137,5138,5143,5161,
5174,5187,5189,5200,5206,5214,5229,5236,5278,5287,5292,
5314,5337,5352,5372,5442,5451,5508,5592,5635,5637,5640,
5732,5734,5818,5864,5919,6255,6260,6281,6420,6432,6437－6441,
6445,6449,6452,6453,6707,6731,6779,6917,6921,7013,7025,

7090,7122,7144,7147,7185,7187,7194,7208,7209,7257,7259,
7282,7287,7309,7319,7421,7424,7436,7456,7460,7463,7481,
7484,7495,7503,7510,7526,7528,7536,7542,7577,7583,7596,
7623,7671,7687,7731,7750,7813,7851,7855,7861,7936,7954,
7968,8087,8128,8129,8217,8310,8412

顾君谊　1275

顾耆（寿白）　53,54,380,542,716,839,915,1012,1086,1208,1210,
1238,1262,1263,1274,1275,1280,1345,1354,1355,1364-1366,
1405,1437,1441,1442,1464,1486,1546,1551,1566,1635,1951,
2086,2132,2192,4805,5194,5204,5209,5225,5240,5271,5288,
5410,5443,5819,5930,6130,7447,7467,7858,7910

顾廷龙（起潜）　1921,2107,2111,2198,2240,2711,2723,2768,2769,
2772,2829,2830,2857,2858,2864,2878,3032,3033,3035,3039,
3042,3063,3066,3070,3071,3083,3091,3093,3170,3171,3183,
3184,3189,3227,3237,3238,3245,3277,3303,3322,3325,3334,
3413,3417,3456,3505,3549,3555,3559,3632,3686,3706,3753,
3822,3824,3827,3850,3868,3886,3887,3984,4011,4035,4050,
4055,4100,4109,4131,4413,4508,4695,5856,6308,6917,6967,
6976,7193,8013

顾仲彝　122,218,228,245,354,388,529,616,617,675,7166

管平湖　6813

归舜丞　3792

郭宝钧　4715,4725,6433,6649,6830,6839,6845-6847,7172,7235,
7239,7253,7419,7477,7525,7650,7666,7674,7705,7718,7742,
7750

郭宝权　6828

郭际唐　606,2406,2410,2422,2436,2453,2456,2457,2459,2540,2629,2653-2655

郭沫若　1048,1282,1610,2276,2337,3808,3875,3876,3880,3889,3890,3892,3898,3900,3903,3910,3925,4299,4337,4520,4571,4702,4715,4930,4977,5056,5120,5349,5585,5753,5827,6026,6048,6142,6196,6237,6258,6267,6428,6653,6825,7091,7389,7408,7410,7453,7592,7633,8390

郭农山　2146,3852,3906,4303,4433,4556,4608,4639,4685,4692,4695,4750,4814,4863,5686

郭希汾（绍虞）　2,6,15,31,44,78,83,93,97,116,126,143,148,150-152,155,163,165,166,178,190,435,448,449,491,500,532,533,581,582,600,604-607,665,735,811,827,861,866,904,986,988,996-998,1222,1351,1357,1361,1416,1420,1443,1545,1550,1552,1553,1555,1556,1564-1566,1568,1655,1659,1730,1736,1772,1874,1875,2121,2127,2406,2410,2422,2426,2436,2437,2452,2453,2456,2457,2459,2480,2485-2487,2494,2496,2497,2509,2525,2540,2541,2546,2577,2579,2592,2595,2607,2628,2631,2655,2667,2673,2674,2708,2710,2711,2730,2731,2735,2741,2752,2763,2766,2767,2781,2782,2826,2963,3009,3010,3032,3040,3078,3081,3083,3100,3108,3116,3123,3125,3129,3136,3138,3140,3145,3147,3150,3159,3160,3163,3167,3170,3175,3184,3185,3199,3204,3208,3218,3221,3226,3227,3232,3233,3237,3238,3240,3244,3245,3254-3257,3259,3266,3274,3276,3282,3287,3296,3298,3303,3304,3308,3309,3318,3334,

3368,3393-3395,3398,3403,3404,3406,3407,3411,3413,3417,
3420,3423,3428,3429,3434,3437,3440,3441,3443,3445-3450,
3455-3460,3462-3464,3468,3469,3473-3475,3479,3485,3486,
3489-3493,3495-3497,3502,3503,3508,3510,3513,3515,3516,
3518,3523,3525,3528,3532,3534-3536,3538,3539,3544,3548,
3550,3553-3555,3560,3565,3566,3569,3573-3575,3581,3584,
3590,3591,3593,3594,3596,3599,3608,3611,3616,3621,3626-3628,
3631-3634,3637,3638,3646,3649,3650,3655,3658,3659,3661,
3663,3665,3671,3672,3674,3675,3677,3680,3681,3685-3691,
3697,3700,3703,3708,3715,3718-3720,3725,3727,3728,3733,
3734,3736,3738,3739,3743,3747,3750-3753,3762,3767,3775,
3779,3781,3793,3802,3808,3821,3850,3868,3881,3884,3896,
3907,3920,3999,4006,4025,4029,4042,4047,4062,4094,4103,
4120,4126,4149,4200,4261,4281,4340,4353,4370,4371,4399,
4423,4511,4512,4528,4543,4556,4557,4564,4607,4608,4614,
4616,4630,4633,4638,4641,4665,4668-4672,4720,4725,4726,
4736,4745,4770,4966,5106-5108,5114,5115,5151,5158,5164,
5743,5744,5857,5973,6306,6307,6309,6311,6552,6969,7143,
7146-7148,8170,8171

郭一岑　1219,1293,1332,1968,2105,2147,2149,3846,3847,5671,
5714,7137

H

韩寿萱　6433,6443,6454,6512,6514,6694,6733,6758,6795,6809,
6844,7001,7030,7074

韩佑之　1804,1806,4221,4223,4318

韩运先　6297

韩志平　4483

郝昺衡(立权)　3129,3165

何炳松(柏丞)　63,72,117,236,289,302,372,534,535,543,565,568,571,575,576,609,617,618,624,637,639,640,644,677,700,701,704,705,710,711,741,755,756,761,765,767,776,791-793,799-803,811,813,826,863,870-872,876,884-886,891,898,899,911,916,920,921,923,928,934-936,940,952,955,963-966,976,977,982,1020,1032,1033,1036,1043,1052,1053,1068,1078,1090,1093,1095,1120,1124,1126,1127,1132,1135,1136,1143,1147,1148,1201,1203,1206-1208,1210-1212,1215,1218,1222,1223,1226,1239,1244,1255,1267,1276,1278,1280,1281,1298,1302,1319,1329,1368,1392,1402,1474,1482,1486,1512,1514,1533,1546,1561,1597,1598,1645,1731,1737,1792,1799,1839,1936,1941,1953-1955,1960,1967,1994,2102,2258,2519,2577,2627,2927,2929,2955,2956,2960,2974,2975,2998,3001,3012,3029,3046,3059,3062,3087,3106,3107,3129,3159,3175-3177,3202,3205,3248,3264,3410,3464,3718,3719,3733,3740,3744,3746,3752,3771,3776,3789,3821,3822,3828,3830,3850

何公敢　285,413,1712,6516

何辉　6440,6445,6455,7085,7417

何鲁　6809,6979-6981,6997,7014,7022

何天行(摩什)　3147,3148,3774,3793,3972,4065,4199,4697,5983,6005

何其芳 4938,4956,4975,4997,5002,5014,5035,5040,5054,5056,
5059,5061,5069,5077,5083,5129,5133,5145,5146,5160,5162,
5163,5168,5207,5238,5247,5250,5265,5270,5272,5274,5302,
5303,5313,5335,5336,5338,5343,5344,5346,5351,5354-5356,
5362,5382,5397,5403,5412,5424,5430,5431,5435,5443,5448,
5457,5459,5482,5493,5502,5514,5539,5573,5589,5611,5644,
5670,5677,5689,5707,5738,5768,5774,5786-5789,5795,5826,
5827,5830,5850,5853,5859,5873,5874,5886,5893,5905,5906,
5912,5953,5954,5962,5965,5970,5973,5975,5977-5979,5983,
5988,5992,5994-5996,5999,6005,6015,6017,6019,6034,6042,
6043,6056,6070,6075,6076,6102,6104,6105,6126,6134,6142,
6145,6147,6173,6176,6179,6185,6188,6190,6218,6220,6222,
6227,6228,6234-6238,6242,6244,6257,6258,6263,6275,6291,
6294,6320,6321,6334-6336,6343,6349-6351,6355,6362,6364,
6382-6384,6405,6418,6423,6426-6428,6430,6431,6459,6461-6463,
6491,6493,6508,6510,6594,6603,6616,6627,6628,6636,6653,
6677,6694,6728,6742,6743,6751,6754,6767,6792,6871,6900,
6906,6931,6938,6943,6960,7014,7016,7017,7019,7028,7029,
7058,7063,7089,7099,7118,7132,7134,7141,7179,7181,7210,
7211,7226,7229,7232,7261,7265,7283,7293,7296,7305,7363,
7393,7406,7407,7409-7412,7414,7416-7418,7488,7504,7505,
7507,7570,7582,7587,7588,7595,7630,7647,7655,7671,7739,
7747,7767,7783,7801,7810,7814,7815,7820,7822,7824,7826,
7836,7852,7868,7875,7902,7909,7946,7948,7954,7955,7958-7961,
7984,7985,7992,7993,7997,8146

何思源　6251,6253,7074,7482
何五良　1847,1992,2001,2148,2397,2406,2973,3021,3106,3135,
3281,3305,3320,3355,3356,3401,3402,3423,3437,3442,3448,
3495,3606,3639,3682,3710,3871,3894,3901,3903,3923,4032,
4194,4267,4270,4310,4508,4509,4512,5073,5080,5084,5091,
5095,5100
何逸人　3467,3537,3539,3540,3547,3565,3575,3592,3616,3619,
3643,3725,3752,3840
何泽慧　6390,6438,6451
何子祥　4065,4089
何作霖　447
贺昌群(藏云)　715,718,721,785,793,872,874,886,934,955,1006,
1041,1042,1053,1096,1100,1147,1153,1167,1205,1206,1218,
1220,1221,1229,1239,1271,1272,1275,1276,1283,1287,1293,
1297,1300,1301,1336,1339-1341,1356,1357,1359,1367,1369,
1379,1380,1397,1401,1418,1546,1550,1552,1562,1564,1833,
1876,1916,1993,2007,2085,2211,2267,2769,2879,2880,3246,
3416,3819,3897-3899,3911,3912,3926,3943,3954,4138,4176,
4179,4184,4195,4208-4213,4225,4226,4230,4233,4236,4242,
4245,4246,4255,4261,4279,4282-4284,4291,4292,4295,4299,
4315,4345,4348,4349,4406,4407,4609-4611,4613,4624,4649,
4652,4660,4681,5006-5008,5016,5023,5155,5213,5227,5228,
5243,5250,5304,5314,5315,5327,5370,5371,5441,5446,5531,
5568,5613,5629,5682,5684,5838,6004,6005,6068,6134,6415,
6421,6433,6537,6597,6603,6700,6701,6709,6722,6803,6804,

6871,6904,6964,6997,6998,7006,7030,7032,7033,7049,7057,
7076,7077,7118,7138,7146,7167,7172,7180,7189,7220,7230,
7235,7239,7240,7253,7263,7271,7274,7282,7351,7359,7424,
7453,7477,7486,7525,7625,7666,7705,7718,7734,7789,7842,
8085,8106,8119,8120,8123

贺次君　6147,6197

贺麟　705,3964,6744,6772,6801,6865,6933,6953,7171,7180,7189,
7235,7239,7244,7419,7453,7481,7486,7525,7625,7632,7666,
7718,7742,7750

弘一法师（李叔同）　858,860,910,1007,2070,2101,2184,2232,
2455,2659,2672,2692,2738,2872,2969,3362-3364,3371,3395,
3427,3428,3442,3500,3741,4012,7466

洪懋熙　1666,1673,1674,1680

洪深　51,253,294,474,1706

侯葆三　3286,7263,7282

侯外庐　4985,4986,4996,5004,5298,5718,5720,6048,6772,6801,
6865,6905,7011,7049,7118,7137,7453,7486,7625,7959,7985

胡伯恳　1445,1523,1544,1845,1846,1861,2195,2445,2667,4375,
4394,4395,4492,4498,4532,4540,4544,4578,4598,4649,4650,
4659,4673,4678,4681,4683,4703,4705,4722,4724,4740,4779,
4914,4917,4918,4930,4951,4994,5012,5114,5179,5187,5229,
5367,5446,5592,5745,5746,5800,5831,5836,5844,5855,5914,
6137,6419,6490,6514,6648,6760,6761,6870,7173,7644

胡楚樵　2899

胡道静　6936,7799,7836

胡厚宣　3857,3906,4322,4410,4423,4432,6026,6161,6245,6288,
6380,6416,6433,6695,6700,6704,6710,6713,6715,6733,6744,
6772,6795,6801,6905,6914,6953,6987,6998,7006,7019,7030,
7049,7067,7076,7077,7138,7172,7180,7189,7203,7208,7215,
7240,7253,7263,7359,7453,7486,7625,7718,7734,7742,7946,
8390

胡寄尘　298,1205,1424,7799

胡佳生　4403,4492,4496,4501,4516,4523,4544,4561,4567,4588,
4589,4609,4617,4651,4659,4662,4673,4674,4678,4685,4693,
4710,4735,4747,4748,4758,4798,4862,4951,4994,5012,5017,
5198,5371,5388,5390,5759,5791,5800,5801,5819,5856,5860,
5869,6059,6153,6202,6405,6419,6710,6713,6738,6853,6906,
8333,8412

胡厥文　7201

胡克实　5025

胡隆基　1508,1511,1512,1606

胡墨林　2,219,428,552,632,695,699,710,716,724,784,785,1074,
1146,1296,1405,1431,1458,1471,1479,1484,1493,1495,1508,
1522,1525,1526,1598,1651,1661,1672,1685,1689,1717,1725,
1755,1763,1768,1771,1779,1780,1808,1822,1849,1907,1926,
1953,1956,1981,1989,2082,2085,2215,2218－2220,2340,2341,
2346,2466,2967,3043,3167,3274,3293,3346,3370,3374,3468,
3718,3760,3761,3765,3768,3775,3814,3817,3828,3831,3850,
3858,3861,3871,3872,3893,3907,3930,3943,3975,4006,4007,
4017,4039,4082,4123,4125,4159,4172,4179,4184,4185,4195,

4205,4239,4438,4464,4471,4487,4489,4518,4532,4544,4570,
4588-4590,4611,4613,4617,4655,4697,4723,4745,4754,4778,
4788,4806,4812,4828,4833,4851,4916,4925,4946,4969,4985,
4989,4994,5000,5016,5026,5034,5039,5043,5115,5129,5140,
5151,5155,5161,5166,5172,5174,5176,5179,5180,5183,5202,
5222,5226,5237,5248,5253,5254,5257,5260,5261,5300,5302,
5304,5314,5317,5334,5336,5353,5357,5359,5377,5379,5385,
5394,5415,5422,5436,5440,5442,5447,5450,5462,5473,5495,
5500,5504,5508,5522,5552,5568,5582,5601,5605,5607,5612,
5617,5627,5637,5643,5644,5665,5674,5683,5684,5692,5697,
5716,5723,5743,5749,5753,5757,5764,5774,5775,5779,5781,
5788,5799,5806,5811,5819,5820,5831,5837,5839,5923,5935,
6016,6054,6203,6223,6338,6419,6515,6649,7697

胡念贻　5135,5139,5141,5142,5160,5207,5250,5254,5264,5335,
5353,5412,5430,5431,5459,5547,5573,5690,5830,5853,6134,
6165,6173,6185,6186,6188,6218,6258,6280,6291,6320,6327,
6341,6355,6378,6382,6403,6404,6432,6730,6792,6938,7089,
7141,7150,7152,7184,7206,7211,7212,7219,7228,7266,7274,
7283,7296,7300,7303,7308,7314,7319,7330,7350,7370,7456,
7464,7485,7501,7502,7514,7542,7544,7554,7748,7757,7762,
7782,7810,7821,7826,7833,7843,7875,7877,7883,7903,7916,
7920,7942,7948,7953,7965,7966,7989

胡朴安　301,453,530,708,1066,1389,1429,1436,1539,3052,3152,
3153,3195,3198,3246,3254,3267,3300,3337,3344,3720,3802,
3822,3989,7799

胡瑞卿　1968,2008,2377,2674,3134,3136,3727,3737-3741,3764,
3765,3775,3777,3779,3781,3784,3789,3791,4017,4020,4025,
4151,4238,4468,4469,4472,4474,4483,4485,4486,4542,4554,
4558,4657

胡绳　3890,4463,4482,4906,8076,8120,8423

胡汀鹭　3286

胡宛春　3121,3165,3194,3216,3217,3549,4134

胡也频　785,809

胡愈之　10,11,13,21,28,29,33,34,37,40,44,47,50,55,74,84,85,
88,97,98,102,103,114,115,122,134,149,158,164,180,218,263,
275,322,324,368,372,397-399,411-413,421,423,429,430,432,
435,437,441,443,447-449,451,457,462,466,468,471,475,476,
484-486,488,522,523,525,526,528,535-539,543,546-548,558,
565,572,575,576,578,581,584,587,591,594,596,597,602,608,
614,618,625,628,634-636,694,703,707,708,714-716,721,895,
1223,1224,1226,1232,1245,1257,1266,1272,1276,1287,1293,
1296,1298,1305,1310,1319,1326,1332,1339,1346,1347,1413,
1420,1424,1460,1475,1483,1488-1491,1498,1519-1521,1544,
1548,1558,1570,1597,1598,1600,1613,1615,1618,1620,1622,
1655,1673,1678,1681,1682,1690,1691,1706,1711,1769,1780,
1794,1803,1815,1818,1837,1839,1847,1876,1903,1936,1947,
1961,1964,1970,2003,2008,2122,2125,2126,2132,2147-2149,
2155,2161,2171,2175,2178,2195,2203,2221,2225,2227,2233,
2256,2281,2289,2374,2375,2381,2399,2402,2406,2433,2445,
2489,3031,3696,3756,4367,4369,4373,4438,4439,4449,4463,

主要人名索引

4464,4475,4484,4492,4493,4516,4551-4553,4591,4592,4594,4595,4618,4644,4715,4716,4740,4856,4857,4890,4930,4932,4934,5060,5202,5237,5251,5287,5352,5652,5851,5856,6206,6267,6272,6351,6433,6512,6516,6613,6691,6698,6700,6711,6712,6917,6965,7036,7070,7071,7184,7517,7521,7859,7860,8047

胡云翼　1691,1696,1697,1720,1722,1724,1766,1777,1833,3721,3745,4079,7658

胡之德(涵真)　1221,1222,1226,1469,1486,1548

胡智炎　2377,2627,2813,3315,3345,3599,3630,3666,3800,3805,4135,4395,4719-4721,4732,4958

胡仲持　103,104,111,135,429,1310,1615,1681,1970,2040,2073,2133,2147,2149,2175,2178,2195,2221,2352,2375,2399,2465,2667,2686,2706,2710,3009,3015,3031,3032,3299,4368,4375,4411,4442,4456,4465,4487,4653,4686,4909,5060,5460

华昌泗　7139,7148

宦乡　3821,4048,4093,4438,4439,4541,4542

黄孝纾(公渚)　6836,6841,6848

黄国光　7683,7685,7687,7696,7699,7711,7718,7757,7759,7761,7763,7770,7786,7793,7797,7800,7805,7809,7813,7834,7851,7855,7861,7863,7912

黄涵秋　2530,2686,3060,3321,4406

黄警顽　128,398,5271

黄洛峰　4589,4618,4694,4751,6809,7030,7219

黄琪翔　2919,6253,7437

黄任之　241,1156,2163,2272,3875,6574,6960,6998
黄绍绪　584,886,1042,1322,1324,1409,1416,1445,1485,1874
黄叔园　3164,3172,3174,3222,3223,3449,4383
黄素封　2297,2400,2406,2408,2419,3364
黄文弼　477,7172,7235,7239,7263,7282,7419,7453,7477,7525,7650,7666,7705,7718,7742,7750
黄文熙　7376,7380,7382,7391,7394,7395
黄药眠　6233,6809,7379,7381,7387,7404,7412,7417,7695
黄艺农　3961,4071,4105,4120,4377,4382,4407,4492,4498,4532,4600,4608,4683,4714,4718,4748,4789,4790,4796,4797
黄幼雄　707,708,720,731,756,762,794,838,1060,1125,1180,1199,1434,1439,1440,1483,1502,1507,1508,1519,1598,1600,1608,1615,1665,1666,1668,1673,1674,1682,1690,1691,1713,1794,1918,1928,1936,1995,2017,2037,2073,2081,2096,2115,2210,2402,2405,2406,2410,2416,2437,2445,2451,2464,2482,2498,2511,2567,2619,2622,2624-2628,2630,2631,2664,2667,2710,3096,3370,3423,3453,3459,3490,3505,4230,4319,5718
黄振勋　6233,6566,6569,6576,6809,7014
黄子卿　6228,6249,7014,7018-7020,7406,7410,7412,7413,7416,7591
黄缵承　1448,1451,1453,1454,1555,1568

J

嵇文甫　2127,6006
纪伯庸　4046,4048

计圣南　1244,1274,1451,1454,1455,1526,1620,1632,1651,1692,2170,2564,2681,2688,2702,2715,2737,2746,2747,2761,2763,2784,2811,2877,2982,3017,3025,3088,3098,3126,3136,3167,3168,3178,3239,3257,3269,3274,3281-3283,3334,3346,3349,3351,3362,3367,3370,3374,3386,3400,3409,3419,3423,3438,3443,3444,3461,3465,3490,3499,3516,3542,3597,3738,3764,3995,4260,4400,4418,4433,4434,4998,5028,5147,5166,5314,5317,5856,5866,5973,5987,6984,7876,7890,8079,8081

计汉望(硕民)　2-4,7,10,13,15,18,21,22,25,27-39,43-46,48-51,53-56,61-63,65-68,70-76,110,118-120,122,124,125,127-130,132-134,137,139,140,143,145,146,149-152,164-166,174,181,189,204,205,215,217,218,226,235,269,276,281-283,286-288,314,315,326,329,332,333,335,336,339,341,342,345-349,351,357,368,389,390,447,449,473,474,477,481,494,495,504-506,550-552,554-556,558,561,562,566,584,585,587,590-592,594,595,597,600,610,613,650-652,656,657,662-664,668-670,672,681,682,695,715,718,724,725,727,753,755,790,808,810,818-824,828-831,833,837,846,851,854,860,880,885,888,891,918,923,924,956,957,985,986,990,995,1000,1004,1010,1014,1047,1048,1057,1058,1075,1077,1103-1107,1112,1123,1124,1126,1134,1140,1146,1152,1154-1156,1159,1161,1165-1169,1172,1174,1203,1234,1240,1270,1274,1294,1319,1325,1331,1358,1364,1365,1381,1389-1391,1394,1421,1454,1455,1464,1469,1482,1495,1511,1529,1548,1551,1564,1573,1600,1601,1646,1654,1655,1676,1708,1738,1947,1991,2170,2217,2410,2422,2423,

2430,2433,2436,2438,2441,2443,2445,2451,2453,2456,2462,
2467,2469,2472,2487,2488,2521,2526,2538,2540,2541,2547,
2553,2560,2564,2574,2575,2609,2613,2621,2624,2641,2673,
2677,2681,2683,2684,2686,2688,2691,2701,2702,2704,2706,
2708-2710,2714,2715,2718,2719,2724,2729,2730,2732,2737,
2738,2741,2744-2746,2763,2764,2770,2772,2774,2778,2782,
2783,2786,2795-2797,2800,2802,2804,2807,2811-2814,2816,
2817,2819,2827,2831,2832,2836,2837,2841,2843-2845,2847,
2853,2855,2856,2861,2866,2868-2870,2874,2877,2880,2881,
2886,2894,2897-2899,2909,2915,2916,2923,2926,2927,2937,
2938,2949,2952,2955,2976,2978,2982,2990,2991,2996,3000,
3008,3012,3017,3020,3025,3028,3029,3042,3049,3069,3070,
3084,3088,3098,3104,3105,3110,3112,3121,3123,3126,3135,
3140,3145,3159,3167,3178,3179,3216,3219,3235,3239,3243,
3257,3258,3263,3269,3274,3281-3283,3294,3302,3307,3316,
3317,3328,3329,3362,3367,3370,3386,3396,3400,3402,3409,
3411,3419,3423,3438,3440-3442,3444-3446,3465,3467,3468,
3487,3490,3495,3496,3499,3508,3516,3518-3520,3523,3541,
3542,3636,3641,3655,3656,3688,3716,3718,3741,3896,3897,
3917,4125,4294,4299,4398,4400,4404,4405,4408,4418,4420,
4429-4431,4433,4434,4446,4778,4780,4787,4793,4845,4846,
4848,4852,4857,4990,4998,5028,5037,5146,5166,5987

计志中（剑华） 639,723,794,943,945,1028,1031,1051,1068,1115,
1140,1221,1239,1240,1250,1252,1254-1256,1258,1260,1262,
1272,1281,1283,1285,1287,1294,1302,1307,1412,1416,1446,

1530,1540,1548,1567,1592,1649,1700,1774,3034,3519,3828,
3854,4400,4550,4583,4588,4589,4601,4622,4630,4652,4661,
4697,4721,5174,5361,5370,5441,5585,5644,5651,5710,5715,
5828,6416,6608,7140,7144,7319,7740

季羡林　4715,5381,5670

季镇淮　5142,5254,5457,5955,8095

贾芝　5002,5003,5035,5047,5055,5063,5069,5080,5083,5133,
5160,5163,5207,5234,5247,5250,5357,5525,5786,5974,5978,
5984,5997,6025,6105,6117,6118,6127,6157,6239,6240,6258,
6603,7181,7432,7453,7542,7552,7810,7868

贾祖璋　1523,1605,1726,1760,1787,1801,1804,1872,1977,2092,
2093,2111,2125,2162,2195,2217,2270,2281,2288,2367,2402,
3053,3089,3090,3729,3742,3743,3760-3764,3766,3777,3779,
3780,3796,3829,3832,3843,3866,3875,3876,3882,3883,3887,
3896,3897,3911,3935,3977,3996,4043,4083,4084,4112,4138,
4144,4195,4200,4201,4220,4221,4231,4233,4245,4351,4425,
4492,4496,4498,4500,4521-4523,4532,4539,4540,4544,4546,
4553,4558,4589,4610,4639,4654,4659,4673,4674,4678,4697,
4702,4714,4720,4724,4740,4748,4760,4884,4914,4918,4951,
5012,5101,5174,5187,5188,5200,5201,5229,5351,5371,5442,
5576,5593,5732,5818,5831,5899,5989,6260,6701,7122,7287,
7421,7424,7524,7548,7583,7674,7676,7678,7681,7683,7685,
7687,7689,7691,7694,7732,7733,7741,7742,7746,7757,7759,
7761,7763,7770,7786,7797,7807,7813,7815,7851,7855,7861,
7863,7912,7937,7941,7942

翦伯赞　3805,3808,3814,3816,3819,3826,3834,3837,3841,3842,
　　3847,3851,3852,3855,3857,3865,3888,3890,3910,3911,4005,
　　4299,4659,4710,4715,4725,4729,4741,5856,6005,6338,6433,
　　6508,6740,7116,7419,7921
江红蕉　113,183,1404,1626,1710,1716,1796,2015,2041,2096,
　　2136,2142,2160,2192,2212,2218,2229,2235,2238,2241,2246,
　　2254,2257,2262,2287,2297,2299,2303,2304,2306,2309,2312,
　　2357,2365,2407,2503-2505,2518,2526,2530,2534,2553,2560,
　　2561,2571,2609,2621,2623,2641,2644,2668,2669,2681,2683,
　　2695,2702,2751,2752,2761-2764,2766,2769,2770,2778,2782-2784,
　　2797,2811,2819,2823,2860,2875,2895,2897,2898,2913,2944,
　　2949,2952,2968,2999,3024,3055,3057,3081,3090,3108,3111,
　　3140,3150,3208,3220,3232,3233,3239,3243,3249,3258,3259,
　　3276,3282,3283,3285,3287,3290,3291,3293,3296-3299,3309,
　　3317-3319,3323,3329,3342,3346,3349,3352,3360-3362,3364-3366,
　　3368,3381,3388,3391,3404,3421,3444,3454,3472,3475,3487,
　　3488,3490,3493,3495,3510,3513,3516,3518,3541,3551,3557,
　　3563,3588,3589,3597,3605,3626,3627,3631,3669,3670,3686,
　　3692-3695,3707,3715,3717,3720,3721,3723,3726,3743,3744,
　　3765,3780,3802,3803,3806,3810,3826,3829,3830,3832,3873,
　　3881,3891,3913,3935,4006,4051,4074,4140,4151,4153,4156,
　　4165,4182,4185,4215,4236,4262,4276,4404,4617,4860,5229,
　　5232,6699,6701
江隆基　5342,5469
江小鹣　436,445,480,515,519,629,715,765,1716,2185,2811

姜君辰　6772,6865,7006,7138,7180,7293,7525,7756

姜证禅　3250

蒋冰之　785

蒋大椿(崇年)　465,475,494-496,503,504,606,607,615,626,749,750,822,831,1360

蒋和森(荷生、禾生)　5830,6018,6029,6033,6035,6362,6432,6938,7141,7206,7228,7295,7300,7303,7308,7314,7350,7370,7457,7464,7542,7544,7757,7762,7763,7782,7810,7821,7833,7841,7844,7875,7877,7903,7916,7920,7924,7929,7935,7942,7953,7965,7966,7989

蒋思九　1546

蒋径三　1096,1272,1275,1293,1339,1395,1401,1474,1497-1499,1599,1600,1678,1682

蒋天佐　4653,4655

焦菊隐　3080,5047,7412

焦实斋　6251,7294

金灿然　4375,4376,4438,4440,4445,4453,4475,4545,4552,4553,4623,4633,4655,4681,4690,4693,4725,4731,4741,4830,4862,4951,4969,5060,5103,5104,5129,5237,5251,5358,5413,5669,5865,5983,5999,6005,6020,6147,6272,6275,6321,6602,6673,6679,6689,6701,6704,6711,6919,6926,6965,6988,7088,7148,7571,7783

金桂荪　1726,1810,1846,2135,2137

金家凤　804,835,1219,1295,3141,3142

金毓黻(静庵、静安)　2340,3832,3835,3837,3841,3845,3870,3880,

3881,3910,3916,3978,4525,4529,4532,4536,4541,4543,4544,
4553,4560,4583,4607,4674,4715,4725,4935,5753,6341,6518,
6581,6766

金岳霖 6734,6744,6772,6865,6933,6960,6998,7006,7067,7625,
7650,7666

金韵铩 2210,2280,2453,2454,2704,2851,2882,2965,3020,3054,
3202,3203,3213,3292,3453,3713,3719,3720,3752,3753,3755,
3764,3765,3797,3831,3855,3872,3895,3901,3973,3994,3998,
4010,4029,4050,4086,4092,4098,4105,4120,4132,4159,4163,
4188,4228,4233,4240,4305,4307,4308,4312,4330,4344,4346,
4352,4363,4382,4411,4433,4497,4574,4761,4780,4818,4884,
4888,4893,4917,4918,4957,4977,4990,4995,5031,5040,5042,
5094,5099,5100,5144,5190,5288,5310,5385,5522,5593,5819,
6707,8159

金兆梓(子敦) 64,617,624,634,938,955,1102,1112,1117,1120,
1124,1127,1213,1222,1226,1239,1254,1258,1331,1411,1423,
1425,1429,1440,1490,1492,1503,1538,1543,1544,1553,1559,
1561,1566,1570,1572,1573,1590-1594,1647,1649,1651,1653,
1654,1675,1701,1714,1727,1728,1730,1731,1733-1735,1737,
1738,1792,1808,1820,1826,1876,1877,1879,1880,1924,1935,
1936,1970,2100,2102,2155,2178,2197,2201,2207,2220,2225,
2227,2232,2243,2244,2263,2268,2327,2375,2396,2417,2418,
2420,2459,2461,2479,2517,2529,2537,2557,2561,2573,2584,
2603,2604,2609,2658,2780,2891,2894,2896,2931,2943,3001,
3052,3159,3161,3822,3828-3830,3832,3841,3852,3878,3932,

3939,3977,4006,4322,4410,4432,4503,4524-4526,4633,4635,
4639,4728,5581,5771,5772,6005,6006,6238,6240,6299,6304-6308,
6364,6984,7012,7019,7031,8181,8323,8401-8403,8411
金芝轩　6286,6438-6441,6445,6446,6449,6452,6520,6537,6608,
6683,6752,6755,6756,6761,6765,6766,6779,6786,6787,6817,
6818,6968,6971,7005,7014,7018,7021,7044,7156,7275
金仲华　1425,1498,1519,1544,1599,1613,1618,1656,1678,1681-1683,
1701,1706,1713,1718,1725,1726,1761,1770,1778,1781,1794,
1796,1804,1807,1818,1827,1861,1872,1893,1926,2012,2017,
2064,2122,2125,2149,2161,2163,2245,2289,2310,2317,2325,
2333,2600,3371,3443,3708,3709,3712,3714,3718,3727,3728,
3731,3734,3735,3740,3744,3750,3756,3768,3771,3776,3804,
3809,3813,3829,3839,3854,3874,3889,3919,3943,3945,3954,
3976,3977,4025,4048,4138-4140,4281,4287,4348,4349,4351,
4356,4358,4362,4371,4390,4406,4465,4579,5010,5018,6231,
6983,6984
巨赞　6253,7437

K

康同璧　6403,6533,6777,7372,7381,7383,7391,7392,7396
柯昌济(纯卿)　1923,1924,1927
柯燕舲　1920,1921,2038
柯灵　3876,3878,7031,7633,7737
匡互生　434,543,594,1229,1485,1628,1745
邝平章　7674,7678,7683,7685,7715,7912,7942

L

劳洪　6603,6663,6709,7181,7211,7221,8305

老舍　1053,1054,3767,4573,4655,4746,5047,5660,5661,6267,
6351,6512,6656,6659,7184,7860

雷洁琼　6230,6235,6264,6286,6368,6394,6460,6520,6691,6779,
6890,7007,7013,7073,7096,7122,7144,7210,7240,7257,7282,
7319,7372,7375,7376,7381-7384,7390,7393,7396,7397,7400,
7421,7425,7427,7436,7440,7441,7444,7456,7460,7467,7471,
7475,7480,7484,7490,7492,7495,7503,7528,7536,7542,7584,
7585,7595,7598,7604,7606,7609,7611,7613,7615,7617,7623,
7633,7753,7769-7778,7780,7785,7786,7790,7791,7793,7797,
7800,7805,7807,7809,7813,7815,7851,7855,7861,7863,7876,
7878,7879,7883,7886,7894,7902,7903,7912,7930,7933,7935-7937,
7941,7942,8410

黎锦明　591,628,750,1864

黎锦熙　1457,1874,7372

黎烈文　2543,2544

黎青主　56,1132,1149,1197,1360

李宝光　4459,4483

李宝堂　3261

李保森　6233

李伯嘉　285,470,565,569,787,1120,1514,3187,3703,3705,3795,
4011,4303,4627

李伯球　6775,7072,7376,7381,7395,7405,7437

李鼎新　3890

李方桂　1649

李根源（印泉）　2090,4181,6286,6287

李庚　4598,4623,4655,4659,4729,4738,4754,4756,4769,4775,
4777,4789,4796,4804,4808,4811,4813,4819,4830,4854-4856,
4862,4871,4918,4934,4938,4939,4941,4943,4949,4950,4952-4960,
4969,4973,4977,4978,4986,4988,5011,5012,5014,5018,5021,
5023-5025,5060,5071-5073,5137,5144,5187,5200,5314,5352,
5451,5732

李孤帆　2496,2502,3007,3044,3431,3714,3936,4059

李广田　4881

李涵初　7072,7087,7170,7314

李乃仁（荒芜）　5791,5827,5918,8399

李季　3890,5920,5958

李季谷　2211,3795,3905,3906

李济（济之）　1542

李健吾　1682,2049,2375,2492,2764,2806,2841,2945,3164,3217,
3473,3551,3578,3638,3712,3714,3754,3887,3956,4133,4224,
4231,4508,5342,5343,5345,5346,5348,5351,5352,5354,5355,
5357,5358,5380-5382,5386,5403,5435,5459,5665,5786,5789,
5827,6112,6239,6241,6258,6343,6349,6362,6418,6426,6549,
6628,6674,6767,6818,7063,7118,7156,7157,7172,7210,7235,
7281,7314,7330,7419,7453,7525,7655,7748,7750,7751,7980,
7985

李觉　6556,6558,6560,6731,6809,7433,7565,7614

李明扬　2579,6513,6760,6773,6890,6943

李培基　6232,6251,6253,6267,6272,6274,6287,6532,6533,6553,
6604,6621,6673,6754,6882,6926,6927,6992,7146,7188,7437

李平衡　7396,7398,7403,7575,7636,7940

李平心　3712,4351,4410,4936,5372,6230,6231,6235,7012,7013,
7031,7633

李青崖　805,908,1041,1089,1104,1201,1296,1339,1347,1351,
1361,1393,1942,3819

李石岑　75,223,236,245,247,302,397,398,405,406,425,426,429,
443,448,522,525,526,528,536,558,567,569,575,578,581,582,
584,587,591,597,608,628,634,636,694,703,727,739,750,755,
1134,1135,1194,1290,1498,1500,1732,2729

李湜　4544,4729,4754,4757,4775,4808,4814,4938,4939,4941,
4948,4950,4954,4978,4995,5012,5024,5025,5031,5033,5072,
5081,5137,5138,5143

李书城　4693,6251,6267,6501,6567,6574,7008,7170,7187,7188,
7344

李诵邺　1810,2017,2019,2037,2042,2046,2060,2089,2117,2129,
2136,2137,2171,3294

李维汉　5156,6227,6403,6426,6532,6575,6576,6663,6669,6713,
7008,7030,7215,7473,7475,7495,7643

李小缘　3210,3211,3229,3299,3312,3332,3352,3360,3928,3933

李宣龚（拔可）　1482,3174,6388,6390,6744,6801,6914,6953,7006,
7176,7206,7207

李俨（乐和）　6388,6390,6744,6801,6914,6953,7006,7176,7206,

7207

李一氓　4788

李云亭　2260,7378,7379,7383,7386,7387,7390-7392,7395,7396,
7398-7400,7402,7403,7405,7440,7441,7461,7546,7636,7794

李长之　5670,5671,5851

李蒸　6519,6917,6996,7013,7158,7265

李仲融　2890,3038,3039,3041,3043,3045,3047,3059,3061,3079,
3080,3108,3109,3123,3126,3136,3142,3166

李烛尘　4337,6232,6767

李紫东　7521

李宗侗(玄伯)　3568,3589,3590,3592,3703,3740,3984,4109

李祖荫　6253,6255,6256,6436,6455,6553,6598,6615,6656,6673,
6733,6795,6809,7025,7160,7184,7198,7226

力扬　5002,5014,5016,5068,5080,5083,5133,5150,5234,5302,
5335,5348,5351,5353,5357,5382,5397,5412,5431,5459,5469,
5482,5487,5490,5493,5514,5519,5520,5547,5573,5574,5589,
5590,5644,5677,5690,5735,5768,5830,6018,6026,6031,6033,
6038,6039,6042,6049,6079,6080,6104,6396,6458,6938,7141,
7160,7181,7206,7228,7229,7242,7267,7274,7278,7282,7283,
7296,7300,7303,7314,7319,7325,7330,7358,7359,7453,7504,
7505

练璋(为章)　2-4,15,24,25,27,28,30,36,46,51,53-56,60-62,77,
81,85,91,95,108,131,142,147,150,151,157,160,161,164,166,
169,171,174,207,238,242,266,269,270,273-275,282,283,304,
328,333,335,341,344,346,347,349,350,379,396,397,409,451,

480,499,549,580,583,616,647,657,660,673,686,723,730,805,
810,854,907,918,924,927,973,990,991,1000,1005,1017,1070,
1100,1332,1391,1405,3323,3757,3758,3829,4338,7719

梁纯夫　6286,6295,6317,6327,6331,6333,6394,6395,6397,6424,
6520,6718,6734,6779,6786,6898,6901,7031,7073,7097,7122,
7180,7240,7286,7302,7319,7421,7435,7440,7444,7460,7467,
7471,7475,7484,7490,7495,7503,7510,7524,7526,7528,7536,
7542,7595,7596,7598,7601,7604,7606,7609-7611,7613,7615,
7617,7623,7649,7650,7653,7659,7661,7663,7665,7666,7669,
7671,7673,7674,7676-7679,7681,7694,7696,7698-7700,7703,
7705,7707,7711,7714,7716,7718,7721,7723,7725,7726,7729,
7730,7732-7734,7737,7739,7741,7742,7744,7746,7749,7757,
7759,7761,7763,7769-7771,7773-7780,7786,7790,7791,7793,
7795,7797,7800,7805,7807,7809,7813,7815,7831,7834,7851,
7855,7861,7863,7876,7878,7879,7883,7886,7894,7902,7903,
7912,7930,7933,7935,7937,7941,7942

梁共民　6029,6035,6038,6042,6432,6938,7141,7206,7211,7228,
7266,7274,7296,7300,7303,7308,7314,7325,7350,7370,7464,
7485,7542,7671,7684,7686,7690,7691,7693-7695,7699,7702,
7706,7748,7757,7762,7953,7965,7966,7989

梁鸿志（梁众异）　2411,2420,2428,2548,2720,2843,2872,3403,
3404,3430

梁明　7230,7436,7936

梁漱溟　6229,8047

梁思成　5042,5069,6917,7184

廖沫沙　6228,7406,7417

林本侨　2125,2497,2498,2530,2533,3795,3840,3905,3906

林庚　5142,5254,5350,5670,5671,5793,5859,6020,7573,7574

林汉达　6264,6388,6390,6391,6393,6399,6437-6442,6445,6447-6449,6451,6499,6520,6626,6630,6646,6656,6684,6691,6779,6809,6874,6882,6889,6890,6921,7006,7007,7013,7045,7046,7048,7063,7065,7072,7084,7086,7100,7110,7111,7119,7144,7147,7171,7172,7177,7180,7188,7214,7240,7241,7257-7259,7265,7282,7287,7309,7319,7323,7338,7348,7352,7364-7366,7418,7425,7426,7434-7436,7438-7440,7444,7447,7448,7460,7467,7471,7475,7483,7484,7490,7492,7495,7503,7536,7542,7575,7584,7585,7594,7598,7601,7613,7615,7617,7619,7623,7641,7649,7650,7653,7659,7661,7663,7665,7667,7671,7673,7674,7676,7678,7681,7682,7685,7687,7689,7691,7694,7696,7699,7700,7703-7705,7707,7711,7714,7718,7721,7723,7725,7726,7729,7730,7732-7734,7737,7739,7741,7742,7744,7746,7751,7757,7759,7761,7763,7770-7778,7780,7785,7786,7790,7791,7805,7807,7809,7811,7813,7815,7819,7842,7848,7851,7855,7861,7863,7864,7870,7876,7878,7879,7883,7886,7888,7894,7902,7903,7912,7916,7925,7930,7932,7933,7935,7937,7941,7942,7947,7949,7952,7956,7957,7959,7971,7984,8003,8144,8207,8361

林语堂　2115,2531,2986,3146,4926

林仲易　6809

林子扬　7521

凌其翰　6229,6689,7014,7018,7020,7022,7372,7389,7396,7400,
7401,7404,7417

凌淑华（叔华）　1127,1703

刘秉麟（南陔）　955,1207,1208,1210,1211,1213,1238,1262,1263,
1345,1437,1464,1482,1547

刘大白　237,283,431,449,644

刘大年　6048,6287,6431,6462,6553,6773,6926,6953,7006,7030,
7102,7116,7153,7734,7946,7959,8120

刘导生　4952,4969,5025,5200,5451,6102,6106,6258,6386,6413,
6414,6672,6733,6744,6791,6792,6801,6924,6960,7006,7030,
7049,7067,7118,7172,7229,7253,7263,7293,7332,7419,7477,
7564,7582,7750,7756,7757,7788,7946,7957,7985

刘定五　7001

刘斗奎　6801,6865,6905,6924,6960,6998,7006,7067,7138,7229,
7237

刘斐　6926

刘国钧　4556,4618-4620,4692,4694,4750,4874,4937,4959,5042,
5043,5613,7065

刘季康　907,1973,2000,2110,2131,2146,2220,2307,2327,2395,
2396,2426,2427,2437,2441,2526,2530,2549,2555,2562,2584,
2593,2682,2739,2832,2905,2929,2938,3182,3183,3186,3187,
3343,3344,3348,3354,3501,3502,3506,3515,3732,3744,3755,
3832,3872,3953,3955,3998,4216,4233,4484,4486

刘建邦　6362,6655,6938

刘俊峰　6563,6568,7021

主要人名索引 8495

刘开渠　　6433,6995,6997
刘朗泉　　1440,1544,1553,1566
刘乃和　　8147,8148,8165
刘宁一　　6232,7576,7661
刘盼遂　　5613
刘佩琥(虎如)　33,412,467,568,617,634,639,711,712,723,755,
　　839,936,938,1009,1049,1100,1102,1111,1117,1120,1124,1135,
　　1148,1221,1222,1226,1291,1302,1329,1331,1357,1358,1367,
　　1368,1398,1469,1503,1544,1547,1553,1561,1573,1591,1594,
　　1608,1676,1727,1728,1733-1735
刘清源　　6728,6782,6783,6785,6803,6805,6807,6856,6858,6879,
　　6882,6951,7003,7051,7064,7088,7121,7130,7145,7150,7175,
　　7186,7219,7223,7232,7241,7256,7313,7342,7359,7409,7424,
　　7462,7488,7504,7515,7536,7574,7586,7591,7593,7611,7652,
　　7722,7762,7769,7771,7800,7827,7895,7898,7931
刘诗圣　　3943,3945,3958,3963,3970,3977,3983,3986,3987,3989,
　　3994,3997,4010,4011,4018,4019,4025-4027,4032,4038,4067,
　　4071,4083,4087,4093,4100,4102,4111,4117,4124,4126,4133,
　　4138,4142,4145,4157,4158,4166,4183,4184,4192,4205,4213,
　　4219,4225,4233,4240,4245,4252,4288,4304,4310-4312,4320,
　　4334,4338,4340,4344,4354,4358,4363,4385,4396,4418,4436-4438,
　　4440-4448,4453,4457,4461,4462,4464,4465,4467-4469,4477,
　　4482,4483,4485,4487,4495,4496,4498,4501,4507,4515,4517,
　　4518,4520,4527,4529,4530,4534,4537,4540,4546,4548,4552,
　　4553,4558,4559,4561,4562,4566,4571,4588,4589,4593,4595,

4596,4600-4603,4608,4617,4618,4626,4630,4637,4638,4643,
4644,4649,4652,4664,4668,4669,4671,4673,4675,4678,4680,
4683,4689,4690,4692,4694-4696,4698,4699,4703,4714-4716,
4728-4730,4734,4738,4743,4748,4754,4756,4757,4760,4761,
4769,4775,4777,4786,4794-4797,4799,4800,4803,4809,4814,
4817,4821-4823,4825,4828,4843-4845,4863,4869,4874-4876,
4882,4883,4888,4891,4901,4904,4906,4914,4939,4941,4944,
4950,4954,4957,4959,4972,4973,4977,4979-4982,4994,5024,
5029,5032,5041,5042,5045,5068,5074,5080,5081,5138,5188,
5341,5370,5371,5480,5593,5653,5726,5733,5748,5799,5818,
5828,7024

刘世德 5514,5573,5670,5690,5912,6185,6186,6188,6218,6244,
6257,6263,6267,6271,6280,6327,6355,6364,6378,6403,6404,
6421,6432,6706,6792,6938,7089,7118,7141,7206,7212,7228,
7267,7274,7283,7300,7301,7303,7322,7324,7350,7359,7370,
7464,7485,7503,7542,7554,7584,7598,7599,7605,7627,7644,
7656,7665,7671,7699,7702,7706,7721,7725,7726,7734,7748,
7757,7953,7962,7965,7966,7968,7989,7992,8246,8260,8281,
8344

刘书铭 2855,2863,2864,2867,3177,3189,3430

刘叔琴 419,449,791,1398,1523,1529,1620,1652,1746,1812,2057,
2059,2060,2108,2120,2137,2153,2204-2207,2227,2232,2233,
2249,2256,2260,2263,2278,2290,2291,2296,2298,2300,2302,
2336,2337,2346,2374,2378,2381,2389,2390,2392,2393,2397,
2406,2408,2446,2476,2481,2488-2491,2497,2498,2512,2517,

2527－2529,2533,2534,2544,2564,2582,2607,2616,2623,2633,
2644,2668,2680,2687,2692,2741,2750,2760,2761,2797,2804－2806,
2815,2843,2900,2902,3135

刘颂南　3286,3547,3620,3626,3635,3639,3640

刘廷枚　2562,2652,2795,2797,3726,3732,3744,3745,3756,3803,
3841,3965,3966,3998,4006,4075,4161,4165,4216,4427

刘薰宇　385,425,449,451,457,573,594,1332,1407,1485,1620,
1682,1711,1803,1863,2206,2276－2279,2817,2890,4517,4529,
4588,4589,4592,4593,4596,4604,4654,4655,4754,5061,5174,
5358

柳存仁　3180,3185,3201

柳无垢　3808,4195

柳小鹤　3403

柳亚子　3110,3808,4337,4560,4589,5743,8079,8102

柳诒徵(翼谋)　19,20,276,1805－1807,1876,1879,1916,2685,4076

龙榆生(裕生)　1275,1792,1800,1801,1875,2124,2198,2288,2302,
2864,2985,4258,4366,4390,4490,4492,4494,4547,4638,4647,
4919,4920,6909

娄立斋　241,507,536,546,571,623,1082,1206,1216,1221,1321,
1346,1436,1437,1440,1450,1476,1477,1504,1508,1520,1524,
1540,1542,1544,1596,1608,1611,1619,1629,1690,1691,1697,
1782,1802,1860,1869,1898,1916,1927,1928,1936,1949,1950,
1952,2030,2040,2073,2239,2285,2302,2324,2326,2327,2346,
2386,2441,2450,2451,2534,2540,2543,2546,2619,2777,2820,
2996,3009,3082,3093,3150,3151,3162,3176,3325,3336,3436,

3440,3459,3475,3490,3505,3520,3521,3526,3550,3617,3640,
3642,3643,3645,3681,3689-3696,3698-3702,3710,3712,3719,
3725,3730-3732,3737,3738,3740,3782,3783,3802,3808,3826,
3939,3940,4040,4048,4051,4130,4745,4746,5148,5414,5791,
5862,6306,6312,7188,7198,7203

楼适夷　2611,2612,3834,4351,6896,6900,7071
卢冀野　1054,1695,1716,1812,1861,1876,1879,1913,1914,1924,
1936-1938,1944,1945,1951,1955,1975,1988,2003,2006,2027,
2064,2096,2143,2149,2175,2216,2238,2242,2464,3750-3752,
3810,3908,4192,4194,4647,8374
卢默庵　3778,3917,4006,4125,4126,4180,4199
卢文迪　4639,4814,4845,5105,5194,5236,5686,5691,5693,5698
卢芷芬　1707,1708,1768,1849,1870,1990,1993,2010,2017,2084,
2133,2178,2200,2273,2278,2281-2283,2285,2286,2288,2291,
2293,2297,2305,2311,2326,2349,2378,2379,2381,2383,2410,
2421,2429,2433,2451,2453,2463,2475,2479,2480,2482,2488,
2495,2501,2517,2573,2615,2631,2632,2634-2637,2647,2650,
2658,2660,2662,2689,2693,2723,2734,2741,2745,2749,2753,
2756,2760,2765,2769,2782,2796,2810-2815,2817,2823,2825,
2826,2830-2834,2838,2851,2854,2856,2858,2865,2866,2876,
2880,2881,2895,2900,2901,2904,2905,2907,2911,2914,2916-2918,
2923,2925,2926,2930,2937,2942,2952,2953,2955,2957,2963,
2967,2976,2977,2988,3012,3018,3024,3026,3046,3051,3052,
3074,3075,3105,3106,3108,3112,3113,3123,3129,3136,3151,
3158,3169,3179,3184,3186,3195,3203,3210,3226,3268,3311,

主要人名索引 8499

3314,3320,3329,3376,3384,3389,3404,3416,3426,3427,3433,
3434,3441,3443,3444,3447,3456,3464,3475,3490,3495,3496,
3529,3535,3543,3544,3555,3561,3571,3575,3585,3615,3622,
3705,3711,3716,3720,3722,3726,3727,3730,3733,3735,3737,
3738,3741,3761-3774,3776-3791,3795,3810,3811,3814,3817,
3819,3820,3823,3828,3836,3838,3839,3843,3845,3847,3848,
3850-3852,3854,3855,3858,3859,3861-3866,3869,3871-3873,
3876,3877,3879,3881,3883,3884,3886-3889,3891-3899,3901-3904,
3906-3908,3910,3911,3913-3915,3917,3918,3920-3925,3940,
3945,3963-3967,3969-3977,3979,3980,3985-3987,3990,3991,
3993-3998,4000,4001,4003,4004,4006,4010-4013,4015-4019,
4021,4028,4029,4031-4033,4036-4041,4043-4045,4050,4052,
4054,4059-4062,4071,4072,4076-4084,4086-4094,4096,4097,
4099,4100,4103,4105,4109,4110,4114,4115,4117,4119-4121,
4124-4126,4128,4133-4142,4146,4148,4149,4153,4159,4161,
4165,4166,4170,4172,4173,4177,4179,4180,4182,4184,4186-4188,
4190-4193,4195,4197,4201,4202,4208,4209,4214,4222,4228,
4241,4251,4252,4254,4257,4282,4292,4299-4309,4312,4331,
4333,4334,4347,4360,4363,4368,4370,4374,4376,4416,4419,
4422,4423,4429,4432,4434,4435,4437-4450,4452-4454,4456-4460,
4462-4468,4471-4473,4475,4476,4483,4485-4489,4494,4495,
4497-4499,4502,4504,4509,4515-4521,4524,4527-4532,4534,
4536,4537,4541-4543,4545,4546,4548,4550,4552,4554,4560,
4561,4563,4566,4567,4568,4572,4578,4582,4586,4588-4591,
4593,4594,4596,4607,4609,4610,4620,4622,4623,4625,4629,

4636,4649,4658,4661,4671,4679,4686,4696,4697,4700,4702,
4709,4713,4718,4719,4722,4733,4737,4739-4741,4743,4745,
4753,4757,4761,4763,4766,4768,4775,4777,4778,4783,4785,
4788,4791,4798,4800,4803,4808,4810,4814,4817,4824-4826,
4829,4832-4834,4838,4849,4850,4854,4870,4888,4896,4901,
4903,4906,4913,4916,4922,4924,4929-4931,4933-4935,4940,
4944,4946-4948,4957,4960,4964,4970,4973,4977,4978,4984,
4992,4995,5000,5008,5010,5012,5021,5030,5038,5040,5041,
5045,5046,5052,5053,5056,5061,5068,5074,5079,5088,5089,
5091,5092,5096,5107,5108,5111,5113,5116,5117,5119,5122-5124,
5127-5129,5131-5134,5136,5138,5140,5141,5143,5145,5146,
5148,5149,5154-5156,5158,5159,5161,5166,5168,5172-5174,
5176,5179-5181,5183,5184,5188,5190,5194,5197,5202,5204,
5208,5211,5213,5216,5217,5221,5227,5228,5242,5244,5246,
5248,5251,5253,5254,5260,5264,5266,5271,5273,5280,5281,
5284,5287,5288,5292,5295,5303,5304,5306-5308,5310,5312,
5316,5320,5324,5327,5334,5337,5338,5340,5344,5346,5357,
5359,5361,5364,5371-5374,5376,5377,5385,5390,5391,5398,
5406,5409,5410,5417,5418,5422,5424-5426,5428,5429,5434,
5436,5438,5439,5441-5444,5447,5451,5454-5456,5458,5464,
5470,5473,5474,5477,5484,5488,5492,5495,5498-5500,5502,
5504,5508,5512,5513,5515,5519,5522,5526,5531,5536,5538,
5543,5550,5553,5581,5582,5585,5588,5589,5593,5595,5598,
5607,5609,5619,5623,5632,5634,5637,5644,5651,5653,5661,
5665,5669,5674,5679,5697,5700,5706,5708,5712-5714,5716-5719,

5721,5725,5731,5734,5743,5745,5750,5757,5764,5765,5769,
5778,5781,5783,5797,5806,5809,5810,5816,5818,5824,5837-5839,
5841-5844,5846,5847,5850,5851,5855,5860,5865,5875,5878,
5883,5886,5887,5891,5892,5894,5895,5897,5903,5907,5910,
5912,5914,5918,5928,5934,5953,5976,5987,5990,5993,6015,
6021,6024,6028,6030-6032,6037-6039,6042,6045,6049,6051,
6058,6065,6074,6079,6084,6089,6090,6092,6097,6100,6103,
6107,6110,6114,6119,6122,6124,6131,6134,6138,6141,6144,
6157,6163,6167,6178,6181,6185,6187,6190,6194,6198,6203,
6206,6208-6215,6247,6287,6619,6625,6627,6640,6642,6645,
6661,6665,6667,6930,7013,8427

卢宗澄　7018,7023,7409,7635

鲁迅（周树人、周豫材）　26,60,299,449,1622,1644,1916,2134,
2149,2150,2445,2523,2958,4265,4692,5752,5771,5789,6822,
6828,6835,6840,6842,6895,7403,8068

鲁彦　2049

陆殿栋　7018,7022

陆高谊　2110,2146,2481,2530,2562,2575,2591,2593,2682,2871,
2929,2931,3059,3187,3488,3492,3576,3696,3703,4295,5236,
6499,6874,6919,6929,6994,7006,7007,7046,7052,7063,7064,
7070,7083,7086,7098,7103,7106,7110,7119,7120,7130,7139,
7148,7177,7179,7222,7241,7309,7348,7352,7439,7464,7483,
7504,7594,7619,7671,7775,7820,7888,7894,7913,7925,7928,
7930,7932,8144,8148,8207,8309

陆侃如　373,452,996,1083,1086,1117,1266,1482,5115

陆联棠　2502,3024,3139,3183,3200,3225,3227,3234,3243,3247,
3382,3732,3734,3741,3742,3752,3763,3853,3854,4020,4023,
4025,4028,4029,4043,4044,4057,4076,4236,4253,4255,4259,
4260,4363,4425,4427,4428,4436-4449,4451-4454,4456,4457,
4459-4463,4465,4471,4472,4474,4475,4477-4479,4482,4483,
4485,4487-4489,4496,4497,4510,4526,4546,4549,4552,4553,
4555,4556,4558,4561,4570,4579,4588,4590,4592-4594,4597,
4598,4602,4603,4610,4633,4664,4681,4693,4728,4754,4759,
4801,4804,4862,5068,5204,5371,5443,5794,5820,5901,7481

陆梦僧　3785

陆品琴　2110

陆诒　3011

陆轶程　4305,4407,4415,4418,4497,4826,4845,5228,6775,6790,
6793,6798,6804,6816,6897,6940,6957,7042,7052,7056,7130,
7140,7142,7151,7161,7170,7178,7201,7256,7353,7367,7424,
7447,7482,7485,7552,7561,7732,7878,7880,7913

陆永品　7627,7953-7955,7959,7964-7966,7971,7973,7975,7976,
7979-7982,7985,7986,7989,7992-7994,8067

陆云伯　3184,3187,3189,3259,3262,3344,3474-3476

陆桢祥　4093,4225,4270,4294,4344,4442,4445-4447,4456,4459,
4463,4482,4652,4705,4711,4716,4739,4743,4769,4783,4784,
4791,4794,4809,4980,5195,5196,5223,5303

陆震平　556-558,794,1068,1371,1451,1452,1557,1569,1608,1653,
1703,1704,1717,1718,1721,1722,1725,1733,1738,1739,1761,
1765,1778,1807,1814,1905,1957,2076,2331,2669,2670,2744

主要人名索引

陆志韦 227,6744,6772,6791,6801,6865,6871,6953,6998,7006,
7030,7172,7189,7204,7208,7230,7235,7239,7253,7332,7419,
7525,7625,7650,7666,7705,7718,7742,7750
路坎 5911,5957,6018,6029,6033,6038,6042,6118,6138,6166,
6280,6291,6320,6603,7181,7344,7505,7817,7820
罗常培(莘田) 556,1792,4525,4529,4532,4535,4540,4552,4553,
5839,5971,5983
罗大冈 5002,5357,5665,5864,6022,6105,6126,6185,6186,6200,
6206,6258,6373,6640,6663,7189,7204,7210,7263,7477,7750,
7751,7985
罗菊生 147,594,599
罗念生 5355,5358,6239,6833,6836,6840-6843,6845-6848,7204,
7230,7282,7314,7582,7585,7618,7621,7713,7748,7756,7824
罗彦生 3923,3926,3952,3962,3970,3976,3981,3982,3986,4938,
5589,5665,5859,6105,6185,6220,6349,6425,6628,6663,6732,
6819-6822,6824-6826,6828-6831,6833,6891,7049,7081,7082,
7189,7418,7923
罗志希 443,444,451,470,475,504,579,665
骆绍先 1068,1140,1881,2530,2557,2567,2700,2722,2741,2758,
2777,2795,2804,2814,2829,2848,2880,2885,2913,2920,2925,
2930,2946,2947,2964,2982,3001,3004,3020,3058,3060,3077,
3092,3097,3118,3136,3138,3159,3241,3243,3263,3283,3295,
3297,3301,3304,3312-3314,3324,3340,3356,3380,3386,3397,
3398,3400,3502,3630,3652,3680,3688,3693,3694,3708,5885,
7734,7753

吕灿庭　1142,1255,1414,1446,1509,1514,1541,1550,1554,1563,
1895,2024,2471,3098,3136,3163,3192,3225,3489,3839,3859,
4894

吕铎(济群)　890,918,970,986,987,989,993,994,996,997,999,
1005,1027,1028,1070,1071,1150,1158,1163,1171,1202,1255,
1257,1259,1267,1337,1350,1352,1353,1356,1360,1363,1364,
1389,1449,1451,1467,1492,1503,1507,1511－1513,1547,1549,
1552,1554,1555,1558－1560,1562,1567,1568,1570,1571,1582,
1588,1708,1732,2379,2386,2387,2421,2467,2475,2631,2670,
2752,2864,2866,2936,2938,3131,3168,3191,3232,3287,3303,
3351,3353,3401,3757,3758,3839,4238,4894,4898

吕鉴平　390,1898,1899,2023,2569,2628,2629,2635,2637,2670,
2738,2739,2743,2748,3119,3152,3153,3155,3659,3660

吕朗　6899,7007,7057,7354,7361,7481

吕铭堂(锦珊)　310,311,317,334,348,491,493,500,502,649,655,
660,668,671,672,827,887,890,912,930,987,990,995,997,1000,
1001,1003,1142,1143,1148,1152,1165,1234,1255－1258,1299,
1306,1337,1446,1450,1453,1507－1509,1511,1514,1541,1547,
1566,1623,1630,1709,1715,1720,1895,1898,1899,2023,2247,
2471－2473,2492,2505,2506,2591,2797,2798,3015－3018,3095,
3096,3098,3127,3130,3136,3137,3166,3179,3233,3236,3342,
3354,3489,3592,3593,3596,3701,3746,3747,3749,3938,3940,
3941,4894

吕叔湘　3416,3771,3806－3808,4030,4057,4058,4182,4183,4201,
4202,4205,4210－4212,4220,4221,4231,4233,4235,4236,4245,

4255,4268,4282,4284,4286,4288-4290,4298,4299,4301,4302,
4305-4309,4311,4312,4314,4317,4320-4322,4324,4328,4334,
4339,4342,4347,4351,4352,4355,4356,4358,4363,4366,4369,
4371,4372,4374-4376,4378,4379,4382,4384,4389,4390,4393,
4400,4402,4405,4406,4408,4409,4413,4438,4439,4442,4443,
4447,4454,4459,4466,4470,4472,4475,4479,4522,4527,4577,
4583,4585,4589,4599,4623,4649,4659,4742,4804,4851,4867,
4877,4964,5000,5127,5155,5194,5251,5287,5314,5329,5341,
5352,5442,5582,5613,5671,5839,5864,5971,6290,6327,6328,
6336,6337,6355,6356,6373,6376,6414,6431,6433,6603,6639,
6707,6718,6734,6742,6765,6772,6791,6801,6865,6905,6914,
6917,6921,6924,6931,6933,6943,6998,7030,7049,7067,7118,
7138,7140,7172,7180,7189,7209,7230,7235,7239,7253,7309,
7415,7419,7424,7453,7477,7486,7525,7532,7588,7625,7650,
7666,7705,7718,7734,7742,7750,7789,7801,8081,8120,8129,
8192,8259,8329,8345,8383

吕思勉(诚之)　84,702,1915,1934,1936,2431,2486,2496,2712,
2736,2738,2777,2778,2780,2781,2786,2787,2793,2826,2827,
2843,2845,2855-2857,2863,2868,2871,2886,2890,2903,2905,
2907,2913,2915,2922,2924,2925,2928,2936,2956,2960,2961,
2968,2969,2971,2972,2979,2980,2984,2985,2988,2992,2996,
2999-3001,3004-3007,3009,3010,3014,3026,3027,3031,3032,
3035,3040,3041,3048,3051,3057,3058,3063,3066,3067,3070,
3081,3083,3084,3086,3094,3100,3102,3105,3106,3112,3113,
3116,3118-3120,3123,3129,3131,3133,3137,3138,3140,3141,

3144,3145,3152,3153,3155-3157,3160,3163,3167,3169,3172,
3180,3182,3184,3187,3189,3194,3201,3228,3231,3233,3236,
3237,3240,3250,3253,3256,3263,3267,3270,3274,3290,3292,
3294,3298,3321,3322,3325,3326,3329,3331,3332,3334,3336,
3339,3341,3356,3360,3362,3372,3380,3393,3394,3401-3406,
3409,3410,3412,3414,3422,3423,3426,3429,3431,3432,3443,
3445-3448,3451,3461,3462,3464,3471,3474,3476,3478,3488,
3492,3493,3497,3501,3505,3507,3509,3514,3529,3530,3534,
3542,3546,3549,3553,3556,3567,3571,3583,3587,3595,3597,
3604,3607,3618,3619,3664,3665,3701,3702,3713,3758,3760,
3771,3776,3803,3878,3880,3897,3899,3904,3905,3914,3939,
3940,3999,4000,4054,4061,4075,4127,4151,4157,4204,4222,
4318,4320,4343,4366,4369,4378,4379,4393,4399,4400,4407,
4432,4518,4539,4611,4615,4634,4637,4639,4643,4676,4678,
4679,4687,4688,4755,4760,4787,5943,8206

吕元章　2377,2506,2963,3354,3365,3404,3758,3786,3823,3824,
4011,4013,4014,4019,4020,4026,4030,4031,4450,4550,4558,
4661,4664,4677,4678,4690,4691,4697,4705,4717,4718,4721,
4722,4727,4743,4748,4757,4779,4780,4788-4790,4796,4797,
4946,5209,5672,6187

吕贞白　5952,5993,6639,6640,6643,6667,6679

吕振羽　6048,6272,6352,6373,6508,6512-6514,6519,6553,6615,
6673,6695,6704,6733,6764,6795,7001,7052,7074,7146

M

马坚　4715,4725,4741,4744,4746

主要人名索引

马可 74,489,498,6443,6451,6452,6630,6896

马廉(隅卿) 1276,1293

马胪初 1842,1856,1895

马叙伦(夷初、彝初) 932,3054,3064,3079,3080,3099,3101,3124,3131,3133,3137,3140,3157,3158,3176,3179,3180,3415,3457,3486,3496,3511,3523,3537,3598,3694,3697,3699,3700,3703,3704,3712,3719,3736,3738,3740,3743,3762,3771,3776,3782,3802,3804,3811,3813,3814,3834,3848,3890,3900,4337,4474,4525,4594,6005

马荫良 2148,2153,2298,2973,3314,3331,3380,3442,3444,3446,3450,3474,3476,3508,3606,3633,3697,4093,4108,4165,4194,4225,4294,4383,4385,4437,4482,4497

马宗霍 6590,7071,7326

马宗融 602,608,703,886,2044,2125,3967,3985

毛燮荣 3387,3390,3395,3399,3406,3436,3445,3449,3500,3534,3591,3592,3630,3755,3806,3811,3826,3893,4051,4079,4127,4175,4215,4262,4303,4337,4404,4889,4896,5031-5034,5037,5592,6187,6229,6292,6365,6372,6963

毛星 5336,5346,5351,5412,5424,5431,5435,5448,5459,5469,5547,5573,5574,5589,5600,5607,5611,5690,5707,5970,5979,6018,6029,6033,6035,6038,6042,6043,6049,6076,6125,6153,6157,6161,6165,6170,6173,6175,6403,6404,6428,6674,6697,6816-6818,7036,7118,7153,7263,7449,7582,7655,7739,7748,7752,7810,7820,7954,7955,7958,7961,7985

毛之芬 4195,4442,4965,6368,6785,7147,7240,7282,7319,7329,

7436,7584,8048,8356

茅以升 6364,6758,7410,7785

梅龚彬 6969,6971,6973,6995,7004,7683

梅汝璈 6229,6529,6689,6703,6839,6844,7014,7018,7022,7080,7210

孟森 788,2598

孟通如 2189,2377,2445,3309,3328,3677,3680,3769,3785,3787,3804,3916,3953,3961,3964,3970-3972,3980,4032,4051,4052,4071,4084,4122,4133,4142,4145,4165,4233,4254,4307,4382,4498,5728,5855,7603,7616

缪斌(丕成) 1711-1713,1722,1813,1837,1851,1870,1871,1957,1959,1967,1972,1976,2004,2109,2600,2764,3370,3454,3564,3568

缪朗山 5665,5753,5818,5850,5886

莫伯骥(天一) 4548,4730,4911,5079,5217,6532,6821,6847,7549,7654

牟小东 7071

N

倪农祥 4036,4040,4041,4052,4086,4125,4127,4132,4134,4136,4151,4152,4172,4215,4227,4236,4254,4306,4312,4334,4354,4355,4361,4376,4405,4491,4507,4508,4582,4583,4626,4656,4658,4851,4859,4889,4892,4893,4896,4899,4906,4913,4921,4946,4957,4960-4962,4965,4995,5017,5025,5059,5065,5078,5101,5103,5154,5163,5164,5167,5180,5195,5207,5235,5256,

主要人名索引

5261,5263,5273,5290,5299,5322,5330,5333,5390,5431,5434,
5435,5445,5454,5456,5462,5468,5472,5476,5486,5487,5490,
5494,5503,5506,5511,5514-5516,5520,5524,5529,5530,5536,
5541,5550,5551,5553,5555,5570,5582,5583,5593,5604,5620,
5624,5625,5629,5635,5638-5640,5649,5651,5652,5654,5667,
5668,5677,5686,5691,5695,5699,5709,5714,5719,5721,5723,
5726,5727,5730,5731,5739,5743,5750,5757,5762,5779,5791,
5793,5794,5797,5800,5801,5804,5808,5831,5835,5836,5840,
5844,5847,5855,5865,5883,5887,5893,5901,5907,5909,5916,
5917,5921,5925,5926,5930,5931,5940,5944,5948,5949,5952,
5964,5971,5974,5992,5995,6009,6011,6014,6019,6020,6023,
6027,6035,6039,6051,6053,6057,6059,6061,6064,6068,6072,
6073,6086,6096-6098,6121,6136,6163,6164,6171,6177,6189,
6209,6213,6217,6220,6227,6239,6245,6248,6262,6266,6286,
6288,6289,6325,6339,6348,6357,6358,6363,6377,6385,6405,
6409,6420,6423,6494,6525,6526,6618,6641,6644,6645,6647-6649,
6658,6702,6711,6729,6731,6739,6750,6769,6783,6796,6801,
6806,6811,6812,6850,6860,6869,6870,6885,6911,6912,6918,
6922,6925,6944,6996,7035,7051,7058,7063,7069,7095,7101,
7111,7114,7140,7146,7166,7173,7181,7185,7198,7220,7227,
7257,7276,7294,7340,7344,7350,7353,7354,7364,7416,7423,
7424,7439,7466,7478,7517,7559,7561,7563,7585,7657,7705,
7709,7710,7727,7763,7841,7855,7864,7909,7935,7959,7974,
8039,8063,8074,8111,8122,8153,8168,8173,8178,8200,8227,
8263,8268,8274,8302,8338,8357,8358,8364,8367,8371,8373,

8417,8423

倪文澜(六莜) 2070,3312,3313,3531

倪征𠆩 6809,6812,6837,6839,6844,6906,7008,7014,7017,7030,7166,7168,7226,7245,7274,7313,7412,7632,7633

聂崇岐 6147,6744,6772,6801,6914,6953,7030

聂绀弩 5056,5247

O

欧阳文彬 3735,3737–3739,3916,3998,4037,4372,4407,4460

P

潘达人 4556,4622,4692,4694,4750,5236,6315,6321,6514,6590,6610,6707,6774,6919,6965,7030,7052,7106,7120,7145,7148,7312,7344,7477,7624,7629,8018

潘公展 429,535,1206,1433,2114,2337,4926

潘光旦 1215,2579,3872,4131,7146,7632

潘怀素(思白) 6394,6395,6397

潘介泉 11,19,25,30,32,35,38,57,60,85,87,90,91,93,96,98,126,148–152,154,157,158,164–166,168,170–173,180,193,237,266,276,315,334,339,344,443,445,468,492,502,514,556,778,872–874,876,884,898,899,1538,1888,3074,3077,3108,3112,3150,4098,4110,4112,4139,4142,4440,4444,4450,4452,4465,4557,4561–4563,4611,4614,4615,4643,4649,4651,4653,4655,4679,4718,4722,4786,4815,4851,4854,4857,4858,4865,4916,4935,4946,4997,5002,5011,5043,5069,5070,5073,5088,5089,5247,5262–5265,5267,5302,5346,5351,5352,5359,5371,5372,5421,5422,5429,5443,5534,5540,5589,5590,5627,

5665,5679,5786,5787,5791,5805,5817,5818,5839,5850,5886,5899,
5900,5924,5947,5970,5974,5977,5982,5987,6015,6024,6046,6047,
6070,6074,6075,6085,6096,6105,6112,6117,6123,6126,6142,6143,
6145,6153,6161,6166,6176,6184,6186,6206,6220,6238,6239,6246,
6249,6257-6259,6263,6264,6274,6275,6279,6294,6295,6314,6316,
6319,6324,6325,6332,6335,6337,6338,6342,6343,6349,6350,6354,
6360,6369,6373,6382-6384,6396,6398,6403,6408,6412,6417,6418,
6434,6462,6490,6500,6503,6512,6519,6521,6522,6527,6535,6579,
6580,6595,6607,6630,6662,6701,6707,6710,6730,6752,6766,6806,
6948,7109,7113,7119,7163,7199,7232,7348,7423,7569,7628,7629,
7653,7654,7748,7810,8001,8012,8028,8068,8075,8106,8122,8129,
8135,8146,8160,8173,8174,8190,8204,8222,8252,8281,8293,8316,
8331,8338,8350,8372,8399,8400

潘景郑(承弼)　3073,3183,3184,5908,6007,6014

潘逸民　3480

潘梓年(梓老)　3890,6005,6023,6024,6194,6431,6432,6653,6655,
6733,6744,6772,6865,6884,6905,6914,6924,6933,6953,6998,7006,
7067,7118,7132,7189,7203,7204,7229,7230,7239,7253,7293,7453,
7505,7585,7625,7666,7674,7718,7946,7993

裴丽生　3948,5947,6228,7406,7409,7413,7416

裴文中　4688,5413,6512,6695,6700,6704,6733,6901,6906,7418

彭家煌　628

彭镜秋　6979,7459

彭子冈　7146,7175,7592,7695

皮漱石　7414

濮良沛　5787,5830,5853,6360,7502,8146,8149

浦江清　3216,3231,3232,3236,4413,4442,4443,5114,5142,5247,5254,
5263,5342,5348,5350,5644,5670

濮文彬①　1833,2838,2964,3399,3402,3404-3406,3413,3437,3442,
3444,3455,3456,3458,3459,3462,3463,3467,3475,3478,3481-3488,
3492-3503,3506,3508,3510,3511,3519,3520,3524,3526-3529,
3535-3538,3540,3541,3543-3545,3547,3549,3553-3556,3558,
3561-3564,3566,3568,3571-3573,3575-3579,3582-3586,3589-3593,
3595,3598-3602,3604-3606,3608,3609,3611,3612,3615-3621,3623,
3625-3628,3631-3634,3636,3638,3640,3643,3646,3647,3649-3652,
3654-3658,3660,3661,3664-3676,3678,3680-3691,3693,3694,3696,
3697,3699-3703,3705-3707,3709,3710,3712,3714,3715,3717,3719,
3721,3724-3727,3729,3733,3741-3746,3752,3759,3762,3774,3777,
3780,3792,3807-3809,3823,3826,3832,3840,3851,3885-3889,3893,
3894,3897,3901,3903,3904,3907,3911,3914,3922,3954,3966,3977,
3993,4020-4022,4025,4042,4044,4053,4067,4073,4079,4080,4086,
4087,4093,4096,4101,4102,4144,4195,4235,4238,4240,4282,4305,
4307,4323,4326,4330,4359,4516,4518,4647,4734,4739,4741,4829,
4911,4914,4916,4920,4936,4937,4941,4945,4948-4950,4957,4992,
4998,5108,5449,5848,5849,5865-5868,5885,5888,6433,6441,6519,
7072,7080,7223,7414,8128

浦熙修　6229,6809,6992,7098,7146,7409,7911

溥雪斋　6813,7141

---

①若干"文彬"无法确定身份,濮文彬与王伯祥交往甚密,姑且列在"濮文彬"条目下,参用时请予以分析。

Q

戚叔含　1818,1978,2000,2058,2084,2095,2096,2132,2761,2771,2885,2937,2949,2976,3059,3072,3154,3253,3263,3264,3287,3289,3290,3589,3745,3746,3806,3958

漆侠　4714

齐思和　6695

齐燕铭　5999,6005,6020,6275,6287,6403,6433,6512,6712,6781,6949,6965

启功(启元白)　5914,7071,7103,7600,8170,8214,8275,8282,8303,8359,8392,8417

千家驹　6995,6998,7002,7004,7008

钱宝琮　6666,6741,7477

钱昌照　5869,5870,7437

钱存训　2964,2967,3057,3059,3081,3083,3084,3100,3163,3172,3182-3184,3210,3291,3299,3305,3306,3318,3330,3331,3336,3370,3371

钱端升　7022,7023,7052

钱歌川　3925,4133

钱经宇　13,240,738,881,1052,1336,2343,3845,3847,3848

钱君匋　727,772,859,1171,1274,1281,1354,1364-1366,1669,1681,1749,2449,3579,3601,3942,4138,4516,4725,5159,5161

钱穆(宾四)　1290,1319,2270,2488,2706,2750,2845,2856,2863,2864,2866,2867,2879,2884,2913,2915,2920,2922,2923,2925,2933,2936,2938,2947,2951,2953,2955,2961,2972,2979-2981,2984,2985,2988,2997,3031,3032,3043,3050,3066,3075,3086,3102,3104,3119,3120,

3123,3131,3151,3160,3172,3189,3201,3228,3230,3233,3245,3249,
3252,3272,3278,3288,3298,3309,3319,3324,3332,3360,3403,3422,
3429,3865,3877,3899,3959

钱石仙　2535,2545,2731,2908,3136

钱一鸥　3836,5869

钱锺书(默存)　3253,3533,3712,3995,4035,4100,4109,4113,4131,
4336,4938,4997,5163,5238,5247,5250,5265,5270,5272,5336,5343,
5346,5354,5358,5381,5397,5412,5428,5431,5435,5459,5469,5476,
5477,5547,5573,5627,5644,5665,5677,5690,5768,5786,5791,5795,
5830,5850,5853,5859-5861,5864,5874,5886,5906,5912,5954,5975,
5978,5979,5983,5999,6002,6020,6029,6033,6035,6038,6042,6052,
6056,6070,6104,6160,6206,6220,6239,6316,6320,6327,6344,6359,
6362,6364,6378,6396,6403,6408,6425,6432,6434,6435,6650,6938,
7006,7063,7118,7132,7141,7149,7228-7230,7266,7274,7281,7283,
7288,7292,7293,7295,7296,7299,7300,7303,7306-7308,7310,7313,
7314,7323,7324,7350,7370,7421,7504,7505,7554,7565,7582,7584,
7586,7599,7605,7608,7627,7644,7650,7663,7665,7666,7671,7682,
7684,7686,7688,7690,7691,7693-7695,7699,7702,7721,7725,7726,
7739,7762,7782,7783,7785,7789,7810,7815,7821,7822,7824,7826,
7852,7875,7877,7903,7916,7920,7924,7929,7935,7942,7948,7953,
7955,7961,7965,7966,7973,7986,8053,8085,8098,8146,8149,8172,
8183,8264

钱琢如　6666,6741,6757,6781,6788,6793,6798,6804,6810,6816,6892,
6912,6922,6957,7006,7052,7073,7076,7077,7083,7090,7098,7103,
7118,7120,7130,7138,7140,7151,7161,7170,7172,7178,7180,7189,
7201,7208,7235,7239,7253,7256,7258,7263,7274,7278,7353,7359,

7361,7439,7453,7486,7525,7529,7601,7625,7650,7666,7674,7675,
7705,7718,7732,7734,7740,7742,7750,7789,7919,8079

乔象钟　5589,5735,5827,5830,5831,5853,5920,6018,6029,6033,6035,
6038,6039,6042,6062,6063,6070,6076,6079,6080,6161,6165,6173,
6185,6188,6201,6218,6222,6244,6252,6257,6263,6267,6280,6288,
6291,6320,6327,6341,6343,6362,6364,6378,6403,6404,6408,6425,
6432,6677,6792,6938,7104,7141,7206,7207,7211,7213,7220,7221,
7228,7266,7274,7283,7288,7292,7296,7299,7300,7303,7306,7310,
7313,7314,7319,7323,7325,7330,7350,7370,7442,7443,7485,7544,
7554,7584,7598,7599,7605,7627,7635,7656,7663,7665,7670,7671,
7680,7682,7684,7686,7688,7690,7691,7693-7695,7699,7701,7702,
7706,7721,7725,7726,7748,7762,7769,7796,7953,7959,7966,7989,
8171,8172,8424

秦伯未　3792

秦德君　6795,7014,7019-7021,7044

邱汉生　2377,3341,3816,3828,3843

邱铭九(晴帆)　9,27,30,39,46,55,56,59,60,66,79,81,85,93,102,109,
111,121,124,125,128,131,134,141,142,144,147,152-157,159,
161-163,166-172,174-178,206,207,213,217,222,226,233,238,241,
242,245,248,250,257,260,262,266,278,280,285,292,294,296,298,
299,301,306,308,310,311,319,325-327,329-340,342-347,350,351,
353,354,358,361,366,371-374,376,377,382,388,394,396,399,415,
423,428,436,444,464,483-485,488-493,497-501,503,506,521,525,
527,532,534,549,550,559,562,564,565,567,571,578,581,583,584,
597,599,611,613,617,620-626,633,640,643,646,649,650,652-662,
664-673,680-682,697,699-701,721,722,727,729,731,732,734,735,

737,740,743,744,749,755,758,764,765,779,781-783,785,786,
791-793,806,807,809,818-825,827-834,840,850,898,900,901,905,
906,910-912,914-916,930,932,934,938,948,965-968,977,978,986,
988-996,998-1005,1022,1041,1042,1044,1045,1049,1052,1054,
1055,1059,1060,1062,1063,1066,1067,1071,1072,1074-1077,
1079-1082,1087,1092,1098,1100,1102-1104,1118,1120,1121,1129,
1134,1137,1142,1143,1145,1146,1148,1149,1151-1156,1158-1162,
1164-1175,1181,1196,1200,1225,1227,1229,1232,1233,1246,1248,
1250,1251,1254,1256,1260,1274-1276,1279,1281,1282,1284,1285,
1291,1297,1298,1300-1302,1304,1306,1307,1321,1323,1326,1329,
1332,1334,1336,1339,1344,1345,1352-1356,1358-1363,1365-1369,
1379,1402,1404,1406-1408,1410-1414,1416-1419,1423,1426-1429,
1431-1433,1440,1448,1449,1452,1458,1472,1478,1491,1492,1503,
1508,1517-1519,1521,1523,1524,1536,1543,1544,1547,1552-1554,
1558,1560,1564,1566,1571,1574,1587,1591,1594,1605,1609,1611,
1614,1642-1645,1648,1659,1661-1663,1669,1675,1707,1711,1713,
1716,1719,1724,1727-1732,1735-1738,1755,1758-1760,1762,1770,
1772,1786,1812,1814,1815,1832,1837,1843,1845,1864,1867,1868,
1874,1876-1880,1888,1895,1910,1921,1922,1937,1945,1948,1959,
1981,1995,2015,2020,2022,2023,2038,2100,2155,2156,2178,2196,
2197,2201,2207,2211,2220,2223,2227,2238,2255,2262,2263,2285,
2290,2296,2319,2337,2346,2371,2372,2386,2393,2406,2530,2655,
2657,2659,2661,2667,2672,2677,2680,2682,2694,2697,2704,2705,
2711,2714,2721,2722,2745,2751,2766,2801,2825,2836,2837,2856,
2929,3252,3258,3278,3323,3328,3364,3383,3415,3745,3750,3778,
3785,3786,3788,3789,3805,3885,3937,3976

邱守谦　5413,5747,5787,7481

裘梦痕　1711,2295,2530,2544,2797,3060,3092

屈武　6611,7387,7391,7399,7400

瞿兑之　1221,3643,4605,6073,6308,8044

瞿凤起　2937,5398,6040

瞿菊农　33,75,1065,3957,7116

R

饶宗颐　2848,2849

任鸿隽（叔永）　19

任中敏　237,410,431,4675

荣高棠　4754,4775,6566,7417,7723

荣孟源　4729,4909,4921

容元胎　2299,2301,2306,3129,3131,3141,3157,3179,3210,3262,3266,5407

S

萨空了　4957,5008,5104,5108,5165,5323,5670,5838,5870,6000,6001,6012,6138,6152,6351,7360,7473,7584,8097

萨一佛　4465

尚钺　5309,5322,5325,5352

邵公文　4459,4483,4539,4544,4556,4558,4559,4602,4608,4616,4618-4620,4639,4666,4671,4685,4691-4694,4722,4728,4750,4751,4755,4793,4814,4821,4863,4934,4944,4969,5032,5041-5043,5236,7027,7368

邵力子（邵仲辉）　236,1717,1774,1847,1849,1869,1992,2013,2109,

2148,2174,2886,2898,2921,2922,2927,3704,3706,3807,3870,3871,
3902,3903,3931,4031,4066,4067,4077,4086,4087,4093,4184,4191,
4194,4212,4218,4222,4227,4248,4441,4445,4449,4454,4457,4458,
4463,4465,4467,4468,4475,4482,4484,4488,4489,4528,4529,
4547—4549,4551—4553,4587,4589,4593—4603,4608,4610,4613,4614,
4617—4621,4624,4625,4629—4631,4633,4634,4637,4661,4666,
4668—4676,4678,4680—4682,4684—4686,4688—4692,4704,4705,4707,
4708,4711,4713—4717,4719,4721,4724,4725,4727—4732,4734,4738,
4739,4741,4745—4747,4749,4750,4752,4753,4755,4757,4758,4761,
4762,4764,4766—4770,4775—4778,4781,4783,4784,4786,4789—4794,
4796—4801,4803,4804,4806—4815,4817,4821—4823,4825,4826,4828,
4829,4831—4833,4836—4839,4841—4843,4845—4850,4852—4857,
4859—4861,4863,4865,4867—4869,4871—4876,4878,4882—4884,4886,
4888,4890—4893,4896,4902—4907,4909,4911,4912,4914,4917,
4919—4921,4923—4925,4928,4930,4932,4948,4949,4965,4969,4971,
4973,4980,4982,5008,5021,5023—5025,5028,5029,5032,5041—5043,
5053,5060,5068,5071,5084,5091,5094,5099,5100,5137,5138,5143,
5144,5187,5200,5202,5240,5257,5271,5327,5337,5339,5406,5410,
5458,5508,5731,5732,5850,5856,5990,6222,6223,6230,6247,6281,
6327,6339,6368,6376,6532,6533,6556,6560,6566,6567,6598,6615,
6639,6656,6663,6689,6694,6698,6813,6919,7057,7072,7080,7170,
7792,7860,7878

邵荃麟　4441,4463,5924

邵循正　4658,4659,4674,4693,4715,4725,4729,6005,6228,6229,6249,
6287,6603,6673,6695,6712,6713,6718,6795,7001,7146,7198,7416,
7830

邵增祺　2599,2610,3358,4504

邵宗汉　6639

申伯纯　6251,6257,6286,6287,6352,6458,6553,6673,6712,6926,6959,
6992,7026,7088,7188,7198,7203,7363,7372,7376,7390,7396,7753

沈百英　85,237,929,1031,1244,1485,3382,6237

沈炳廉　1485

沈伯英　233,797,1060,1971

沈从文　809,2049,3738,3741,3819,4935,5060,5622,6228-6230,6236,
6249,6251,6267,6290,6336,6337,6373,6433,6512,6514,6519,6603,
6607,6615,6733,6742,6822-6826,6829,6833,6843,6845-6847,6917,
6921,6931,7024,7052,7160,7274,7344,7592

沈兼士　135,445,469,495,505,517,3972,4265

沈静芷　4463,4471,4477,4494,4495,4498-4500,4539,4544,4545,4552,
4553,4588,4595,4618,4630,4633,4681,4692,4694,4695,4722,4750,
4751,4754,4759,4830,4833,4862,4969,5172,5236,6088

沈骏声　459,470,493,494,504,527,566,649,661,3573

沈立人　3831,3841,3857

沈世璟　1239,1269,1503,1618,1669,1927,1945,1949,1953,1954,1990,
1994,2050,2052,2074,2178,2196,2197,2201,2204,2207,2220,2227,
2263,2310,2311,2319,2327,2417,2420,2441,2446,2451,2459,2479,
2511,2517,2529,2537,2584,2621,2668,2701,2714,2742,2814,2818,
2823,2880,2968,3097,3118,3123,3577,3701,3705,3716,3717,3744,
3756,3760,3783,3794-3796,3806,3829,3847,3911

沈体兰　6230

沈文倬　3816,3817,3823,3841

沈雁冰（茅盾）　1,7,12,21,23,29,33,34,36,37,42,44,46-48,52,58,67,

68,74,78,84,91,98,105,122,129,132,136,141,150,158,171,211,213,218,221,223,228,232,240,263,268,283—285,293,322,324,344,362,372,399,416,423,449,451,459,466,471,475,476,480,484,486,488,524,525,625,727,794,1069,1091,1104,1109,1118,1134,1296,1299,1310,1491,1597,1598,1610,1613,1618,1622,1626,1655,1681,1682,1703—1705,1733,1738,1757,1780,1818,2008,2017,2064,2086,2108,2125,2134,2298,2300,2329,2331,2333,2336,2341,2352,2380,3802,3804,3808,3810,3812,3847,3848,3853,3861,3870,3929,3931,3932,3939,3953,3954,3957,4337,4438,4448,4465,4579,4589,4602,4632,4653,4655,4997,5127,5349,5753,5838,6142,6232,6351,6527,6707,6719,6802,6927,7138,7229,7414,8125,8168,8370

沈尹默　80,1571,2320,4489

沈仲约　3524,3577,3887,3888,7597

沈仲璋　3703,3906

盛康年(仲悟)　3691—3693,3701

盛彤笙　7018,7020,7021,7414

盛叙功　924,925,1067,1792,1799,3751,3771,4588,4686

施蛰存　1146,1598,1622,2047,2554,2980,3454,3456,3458,3462,3753,3762,3996,4208,4209,4221,4226,4235,4236,4249,4291,4306,4321,4388

石知本　6966,6977,6979

史久芸　3776,4361,4433,4539,4556,4559,4602,4616,4619,4620,4722,4728,4750,4751,4755,4796,4814,4863

史良　2163,7414

史叔同　1918,2239,3159,3170,3171,3214,3223,3448,3489,3491,3492,3576,3618,3696,3698,3703,3711,3745,3810,3859

史育才　4440,4445,4545,4552,4553,4692,4694,4759,4862,4969

舒新城　1490,1558,1570,3703,3745,3939,4011,4361,4433,4559,4616,
4618,4639,4692,4694,4863,5464,5468,5686

宋易　1914,2046,2109,2255,2294,4182,4183,4195,4218,4219,4221,
4224,4226,4231,4233,4245,4286,4304,4316,4319

宋应　6229

宋云彬　772,810,812,816,859,861,864,865,869,878,879,883,896,899,
901,903,913,937,950,965,967,979,980,984,985,1028,1030,1046,
1090,1091,1096,1109,1112,1115,1125,1132,1136,1149,1150,1152,
1166,1176,1210,1211,1227,1237,1240,1250,1268,1275,1277,1286,
1296,1302,1308,1310,1314,1321,1325,1341,1342,1345,1346,1348,
1354,1365,1390,1391,1398,1401,1428,1431,1433-1435,1437,1441,
1444-1446,1448-1450,1458,1466,1467,1469,1474-1477,1480,1484,
1486,1498-1502,1506,1509-1511,1513,1514,1516,1520,1522-1524,
1531,1538,1577,1591,1597-1599,1601,1608,1610,1613,1618,1620,
1631,1632,1634,1635,1638,1639,1643,1646,1647,1650,1652,1653,
1655,1656,1658,1661,1662,1668,1670,1673,1678,1681-1683,1692,
1695,1696,1710,1713,1725-1727,1759,1765-1767,1773,1774,1777,
1787,1789,1793,1794,1800-1802,1809,1815,1818,1829,1842,1848,
1856,1858,1860,1870,1872,1882,1894,1895,1902,1913,1929,1936,
1937,1964,1970,1977,1978,1980,1984,1989,2000,2003,2006,2011,
2017,2037,2042,2057,2080,2081,2084,2086,2087,2095,2097,2098,
2101-2103,2105,2106,2108,2111,2115,2123-2125,2132,2137,2144,
2147,2149,2153,2158,2171,2183,2196,2198,2202,2210,2213,2226,
2227,2230,2233,2234,2244,2246,2247,2249,2251,2256,2257,2260,
2263,2276,2278,2281,2283,2284,2287,2288,2395,2410,2411,2438,

2445,2446,2452,2457,2464,2477,2489,2490,2754,2768,2890,3121,
3135,3225,3716,3843,3899,3971,4204,4236,4292,4326,4438-4440,
4443,4444,4452,4453,4459,4461,4463,4465,4479,4484,4489,4517,
4521,4524,4532,4537,4552,4553,4559,4561,4574,4582,4589,4590,
4606,4617,4622,4635,4654,4655,4661,4665,4667,4670,4674,4679,
4682,4689,4690,4693,4697,4700,4704,4708,4710,4715,4717,4739,
4740,4744,4745,4754,4764,4765,4774,4846,4863,4865,4978,5056,
5060,5061,5296,5297,5333,5359,5458,5462,5593,5598,5674,5678,
5679,5698,5869,5870,5880,6019,6021,6025,6034,6063,6083,6110,
6114,6121,6129,6134,6144,6147,6155,6158,6159,6162,6163,
6166-6168,6174,6183,6186,6194,6195,6199,6201,6206,6218,6225,
6227-6229,6231,6232,6234,6236,6237,6241,6242,6246,6247,6251,
6256,6260,6261,6267,6272,6274,6285,6290,6317,6325-6328,6331,
6335,6337,6341,6345,6347,6349,6351,6353,6355,6364,6368,6376,
6393,6402,6414,6420,6429,6432,6436,6438,6440,6441,6448,6453,
6454,6494,6512,6514,6515,6532,6543,6554-6577,6590,6598,6601,
6603,6604,6608,6628,6643,6656,6658,6669,6695,6698,6700,6701,
6707,6709-6711,6733,6752,6754,6761,6790,6812,6814,6837-6839,
6841,6844,6848,6865,6917-6919,6965,6978,6983,6984,6995,6996,
7000-7003,7018,7020,7025,7029,7057,7058,7062,7067,7072,7098,
7100,7120,7122,7128,7134,7142,7146-7148,7162,7168,7184,7188,
7249,7274,7293,7313,7329,7340,7344,7348,7350,7363,7366,7372,
7414,7424,7465,7505,7538,7571,7573,7584,7604,7608,7625,
7632-7634,7637,7638,7641,7657-7659,7695,7708,7720,7793,7801,
7806,7815,7860,7868,7888,8038,8040,8129,8226,8233

苏秉圻　4483

主要人名索引

苏继顾　955,1201,1448,1464,1472,1473,1485,1548,1557,1569,1733,
1738,1739,4627,4693,4845

隋树森　2332,2415,7502

孙伯才　947,1028,1051,1052,1082,1089,1125,1213,1221,1239,1250,
1254,1258,1662,1663,2074,2084,2701,2742,2968,3494,3498,3504,
3939

孙伯南　1241,1242,1245,1246,1255,1288,1309,1352,1357,1362,1368,
1774,1884,3672,4498,7194,7335,8412

孙春台　435,474,526,565,575,576,715,720,732,739,1113,1290,1531,
3391,3847,3848,4163,4338,5438

孙次舟　2939,2947,3332

孙伏园　425,432,434,435,447,448,515,714,715,720,732,739,748,
1276,1290,4438,4451,4465,4475,4606,4697,4708,4953,5011,5023,
5061,5103,5104,5194,5202,5209,5225,5236,5240,5271,5341,5820,
7431,7859,7860

孙贵定　3165

孙洪芬　2967,3291,3318,3371

孙惠泉　1923,1924,1927,2240,3639,3924,4377

孙剑冰　5207,5978,6029,6258,6818,7181,7810,7985

孙君立　241,602,613,614,618,625,736,842,1083,1239,1448,1951,
3206,3208,3212,3281,3360,3392,3414,3495,3786,3802,3829,3830,
3996,4059,4183,4266,4283,4362,4397,4419,4422,4424,4425,4428,
4430,4437,4447-4449,4458,4479,4483,5251,5252,5256,5257,5265,
5310,5321,5458,5864,6255,6261,6414,6689,7021,7025,7526,8412

孙祖宏（君毅）　27,146,246,394,1517-1519,1521,1523,1648,2438,
2530,2557,2655,2672,2766,2788,2824,2917,3020,3024,3140,3168,

3172,3183,3286,3315,3368,3372,3373,3437,3495,3498,3500,3507,
3626,3639,3644,4181

孙楷第(子书)　1460,1489,1553,1728,3665,4938,5129,5142,5153,
5163,5178,5219,5590,5983,5999,6003,6052,6220,7118,7141,7350,
7985

孙起孟　3779,3894,4265

孙实君　6302,7353,7675,7676

孙蜀丞　6020

孙逸殊　1148,1221,1446,1450,1544,1545,1553,1554,1567

孙鹰若　2098,2123-2125,2251,2630,2683,2806

孙毓棠　4659,4674

孙照　3052,6894,6897,7521,7524,7902,7918

孙祖基(道始)　7,9,12,16,27,55,81,124,138,146,149,150,161,164,
175,177,180,234,238,246,265,308,309,311,329-331,334,336,
341-343,345,351,357,394,399,444,490,798,804,807,827,835,836,
911,934,1044,1065,1075,1142,1154,1155,1165,1168,1169,1200,
1276,1281,1282,1285,1293,1301,1302,1308,1330,1340,1341,1344,
1345,1356-1360,1365,1367-1370,1386,1402,1404,1410-1412,1414,
1416-1419,1421,1423-1426,1428,1429,1431,1432,1434-1436,1441,
1447-1449,1458,1463,1472,1478,1508,1516-1519,1523,1524,1536,
1540,1543,1547,1553,1555,1565,1587,1589,1605,1607,1625,1629,
1636,1639,1646,1647,1663,1669,1673,1675,1676,1705,1707-1709,
1711-1714,1716,1721,1722,1728,1729,1731,1732,1734,1737,1738,
1755,1758-1760,1762,1769-1772,1776-1778,1786,1790,1798,1800,
1804,1805,1810-1813,1815,1820,1832,1834,1837,1839,1843-1845,
1851,1856,1864,1867,1868,1871,1878,1893,1895,1903,1904,1910,

1911,1914,1915,1918,1920,1921,1924,1928,1937,1939,1942,1945,
1952,1957-1959,1963,1967,1971,1976,1980,1981,1989,1992,1994,
1995,1999,2004,2005,2007,2013,2015,2018,2038-2040,2042,2046,
2049,2064,2065,2077,2088,2090,2092-2094,2100,2107,2109,2117,
2118,2127,2132-2135,2148,2149,2153,2155,2156,2162,2165,2171,
2178,2182,2196,2197,2201,2207,2211,2214,2220,2227,2232,2235,
2242,2245,2249,2251,2255,2258,2263,2268,2272,2281,2284,2286,
2290,2296,2299,2319,2324,2337,2343,2346,2350-2353,2358,
2371-2374,2377,2379,2381-2383,2387,2393,2394,2396-2400,2406,
2419,2432,2446,2460,2461,2479,2483,2485,2493,2523,2530,2531,
2553,2555,2557,2569,2577,2584,2600,2646,2649,2650,2655,2657,
2659,2661,2667,2669,2671,2672,2675,2677,2680-2683,2688,2689,
2694,2697,2699-2701,2704,2711,2712,2714,2715,2725,2726,2738,
2745,2748,2751,2754,2756,2758,2766,2769,2774,2788,2790,2793,
2794,2805,2822-2824,2830,2861,2872,2877,2882,2894,2896,2900,
2907,2917,2928,2929,2951,2969,2973,2998,3017,3019-3022,3043,
3047,3048,3050,3051,3053,3057,3062,3066,3072,3074,3076,3094,
3096,3102,3104,3106,3117-3119,3121,3125,3127,3128,3132,3135,
3138,3140,3143,3145,3148,3149,3158-3161,3166-3168,3171,
3178-3180,3182-3184,3190,3199,3210,3212,3214,3232,3250,3280,
3281,3285,3286,3288,3289,3291,3293,3305,3309,3311,3317,3318,
3322-3324,3328-3331,3335,3340,3341,3347,3351-3353,3359,3361,
3362,3368,3370,3372,3376,3379,3382,3383,3386-3396,3398,
3401-3407,3409,3410,3412-3414,3423,3426,3428,3431,3433-3435,
3437,3439,3442,3445,3447-3450,3453-3457,3462-3465,3468-3470,
3473-3476,3478,3481,3482,3484,3486,3487,3490-3495,3497,

3499-3502,3505-3507,3510,3518,3519,3524,3539,3543,3567,3578,
3581,3587,3591,3592,3602,3605-3607,3615,3617,3618,3624-3628,
3631,3635-3637,3639,3640,3644,3645,3647,3650,3655,3658,
3662-3664,3667,3679,3680,3682,3683,3685,3694,3695,3697,3710,
3721,3787,3816,3842,3898,3899,3905,3908,3944,4022,4033,4039,
4041,4168,4174,4177,4178,4181,4182,4190,4217,4218,4222,4237,
4239,4731,4818,7857,8204

T

覃必陶　3777,3786,3829,3832,3882,3935,3946,3970,3977,3997,4039,
4043,4057,4065,4071,4084,4255,4282,4290,4299,4301,4307,4324,
4333,4354,4356,4357,4379,4382,4391,4402,4403,4405,4438,4454,
4456,4461,4464,4469,4476,4486,4487,4489,4516,4532,4544,4592,
4606,4623,4640,4654,4659,4678,4688,4695,4697,4735,4740,4746,
4753,4768,4769,4776,4779,4783,4794,4797,4831,4832,4845,4851,
4868,4870,4875,4884,4960,5187,5190,5200,5298,5378,5395,5442,
5732,5989,6137,7424

覃异之　6232,6977,6979-6983,6985,6988,6992,6996,7003,7008,7019,
7072,7074,7080,7096,7142,7188,7293,7329,7363,7372,7383,7385,
7395,7437,7575,7695

谭禅生　1222,1266,1268,1275,1288,1295,1299,1302,1344,1345,1356,
1389,1400,1405,1408,1502,1515,1529,1538,1544,1545,1574,1601,
1610,1628,1729,1735,1845

谭廉（廉逊）　13,203,206,353,808,965,1527,1548,1743,1755,1778,
1782,1785,1807,1814,1820,1827,1837,1861,1867,1877,1880,1884,
1899,1900,1905,1934,1939,1957,1958,1975,1985,2001,2007,2014,

2022,2023,2043,2047,2064,2076,2077,2091,2093,2133,2199,2207,
2214,2225,2227,2262,2263,2290,2308,2331,2334,2337,2345,2346,
2351,2367,2368,2380,2385-2387,2393,2406,2407,2417-2420,2441,
2454,2459,2461,2486,2491,2494,2496,2497,2517,2525,2529,2530,
2537,2554,2555,2557,2561,2573,2576,2579,2580,2584,2603,2609,
2617,2623,2626,2639,2649,2658,2668,2680,2682,2696,2700-2702,
2722,2727,2729,2740,2744,2747,2755,2758,2773,2777,2780,2781,
2795,2805,2807,2814,2815,2823,2829,2832,2848,2897,2900,2913,
2924,2930,2946,2964,2982,3020,3036,3058,3077,3097,3110,3118,
3131,3134,3138,3155,3156,3159,3180,3241,3255,3259,3283,3289,
3295,3304,3312,3318,3322,3324,3326,3331,3334,3339,3340,3343,
3344,3348,3351,3354,3360,3361,3369,3370,3386,3411,3445,3449,
3535,3569,3607,3721,3735,3776,3804,3878,3953,4054,4061,5519

谭其骧（季龙） 2009,2038,2065,2104,3850,3852,5382,5463,5464,
5468,5510,5651,5652,5763,5791,5793,5800,5801,5857,5910,6182,
6222,6288,6339,6879,6976,7406,7483,8131

汤国梨（国黎） 3026,3029,3054,3056,3073

汤用彤（锡予） 4553,4997,5267

唐擘黄 257,413,438,6249,6940

唐棣华 5957,5962,5970,5973,6015,6029,6034,6042,6043,6085,6102,
6104,6126,6134,6142,6145,6176,6190,6206,6228,6230-6232,6234,
6237-6239,6242,6249,6257,6276,6294,6336,6362,6396,6732,6744,
6766,6767,6772,6791,6792,6801,6931,6933,6943,6953,6960,7006,
7049,7118,7132,7133,7172,7180,7181,7204,7210,7229,7235,7253,
7296,7305,7307,7314,7330,7363,7408,7432,7443,7447,7454,7477,
7486,7488,7502,7504,7507,7509,7542,7585,7598,7605,7609,7625,

7627,7682,7686,7687,7692,7694,7699,7702,7706,7721,7725,7726,
7739,7742,7746,7748,7752,7756,7762,7763,7782,7800,7810,7817,
7826,7985

唐坚吾 1691,1694,1696,1697,1707,1718-1722,1724,1725,1739,1758,
1762,1764-1766,1775,1777,1778,1790,1801,1804,1821,1829,1831,
1833,1834,1836,1838,1839,1842,1846,1847,1850,1856,1860-1862,
1866,1868-1871,1873,1893,1895,1898,1902,1905,1906,1908-1910,
1913,1919,1920,1922,1926,1933,1938,1940,1950,1952,1956,1957,
1959,1966,1967,1984,2000,2022,2025,2051,2077,2080,2081,2084,
2087,2120,2123,2131,2153,2158,2159,2220,2240,2285,2303,2304,
2307-2310,2313,2316,2320,2327,2340,2348,2366,2371,2385,
2395-2397,2407,2411,2412,2417,2420,2423,2424,2426,2435,2441,
2442,2514,2519,2530,2538,2552,2561,2573,2584,2589,2590,2596,
2597,2599,2600,2603,2621,2622,2639,2647,2652,2654,2656-2659,
2672,2682,2684,2687,2689,2691,2696,2700,2703,2706,2708,2719,
2724,2744,2778,2795,2811,2812,2817,2820,2827,2843,2858,2859,
2913,2919,2938,2946,2964,2990,3015,3016,3074,3078,3137,3138,
3186,3191,3225,3252,3273,3296,3300,3301,3305,3307,3309,3310,
3332,3347,3348,3354,3360,3369,3383,3386,3387,3393-3399,3401,
3403-3408,3410,3411,3413,3414,3417,3432,3437,3455-3460,3463,
3467,3469,3471,3475,3478,3479,3482-3488,3492,3493,3496,3497,
3499-3502,3505-3507,3509,3510,3517,3519,3522,3524,3526-3529,
3535-3542,3545,3547,3550,3556-3558,3560-3563,3565-3569,
3574-3579,3581,3582,3584-3586,3590-3592,3595,3598,3604,3608,
3609,3612,3615-3617,3619,3623,3627,3628,3631-3636,3640,3643,
3645,3647,3649,3651,3655-3657,3661,3664,3667-3670,3674-3676,

3678,3680-3682,3684,3685,3687-3694,3696,3697,3699-3707,3709,
3710,3712,3721,3723-3725,3741-3746,3752,3759,3760,3765,3777,
3780,3781,3792,3804,3807-3809,3823-3826,3831,3832,3858,3876,
3887,3888,3891,3893,3904,3951,3993,4000-4003,4029,4051,4053,
4060,4067,4079,4095,4096,4100-4102,4108,4233,4238,4240,4244,
4245,4257,4359,4416,4431,4518,4525,4535,4635,4730,4731,4738,
4943,5045,5046,5056,5079,5081,5295,5308,5333,5334,5372,5422,
5448,5449,5718,5856,5863,5930,6314,8343,8374

唐兰　　3738,3741,4158,4715,5065,6433,6630,6695,6733,7013,7043,
8159,8378

唐书麟　2658,2706,2820,3309,3383,3395,3399,3401,3404,3506,3724,
4021

唐弢　　3462,3709,3712,3714,3821,4353,6234,6337,6338,6344,6350,
6461,6462,6531,6546,6603,6734,6744,6772,6792,6818,6928,6960,
7014,7017,7019,7023,7118,7127,7181,7187,7210,7358,7359,7363,
7414,7416-7418,7810,7958,8120

唐锡光　3761,3764,3765,3771,3777,3781,3797,3895,3930,3948,3973,
3998,4029,4064,4084,4092,4103,4105,4120,4188,4201,4204,4221,
4223,4228,4231,4240,4250,4279,4284,4300,4301,4305,4307-4309,
4312,4314,4317,4324,4328,4334,4339,4351,4352,4355,4356,4363,
4366,4376,4379,4383,4402,4411,4441,4446,4447,4470-4473,4476,
4484,4492,4493,4495,4496,4498-4501,4504,4505,4507,4516-4523,
4526,4527,4529,4534,4536,4545,4546,4548,4552,4553,4555,4558,
4559,4561,4570,4597,4598,4600,4601,4603,4604,4618,4619,4623,
4626,4631,4634,4638,4648-4650,4652,4654,4655,4658,4659,4664,
4668,4673,4675,4676,4678,4680,4681,4683,4690,4694,4698,4699,

4702,4703,4705,4707,4708,4710,4712,4715,4721,4728,4730,4734,
4738,4739,4743,4748,4749,4754,4757,4759,4761,4769,4775,4777,
4779,4783,4789,4794-4797,4799,4800,4803,4808,4811,4814,4817,
4820-4823,4825,4827,4838,4842,4844,4847,4850,4851,4862,4863,
4868-4871,4873,4874,4876,4883,4884,4892,4900,4903,4906,4910,
4914,4916,4922,4923,4926,4928,4929,4936,4938,4939,4941,4944,
4948,4950,4954,4956,4957,4964,4975-4978,4980,4990,5000,5012,
5015,5023-5025,5029,5033,5041,5042,5058,5068,5071,5072,5081,
5099,5100,5137,5138,5143,5162,5174,5187,5200,5201,5229,5278,
5442,5537,5732,7423,7424

唐彦宾　3417,3455,3457,3459,3460,3463,3464,3484,3506,3581,3792,
3826,4029,4240,4440,4448,4451,4452,4454,4667,4730,4743,4747,
4937

唐止庵　2232,3600,3741,6694,6879

陶菊隐　3080,3890,3891,3968,4037,4090,4219

陶亢德　2651,2658,2682,2718,2722,2741,2758,2777,2795,2814,2829,
2832,2880,3999

陶孟和　4584,6403,6433

陶希圣　285,388,399,412,413,488,522,532,533,757,763,877,878,908,
915,950,952,953,955,967,1034,1035,1039,1069,1077,1078,1096,
1112,1118,1120,1125,1126,1137,1147,1150,1156,1160,1163,1164,
1170,1173,1176,1195,1201,1205,1226,1256,1257,1266,1272,1278,
1290,1293,1295,1296,1300,1319,1363,2478,2483,2852,2853,2872

田寿昌　3808,3890,3912

田中谦二(田中)　7822-7824

童第周　6836,7018

童书业（丕绳） 2521,2630,2631,2633,2659,2666,2678,2686,2689,
2692,2709,2712-2714,2720,2723,2726,2731,2732,2735,2742,2750,
2780,2785,2791,2848,2849,2864,2867,2878,2899,2905,2907,2910,
2914,2928,2949,2969,2972,2978,2996,2997,3008,3055,3056,3063,
3067,3082,3084,3086,3110,3115,3146,3152,3156,3157,3169,3170,
3174,3180,3185,3187,3201,3216,3245,3250,3251,3254,3259,3271,
3286,3295,3301,3337,3340,3341,3368,3369,3372,3379,3385,3426,
3497,3553,3568,3595,3709,4343,4385,4417,4985,5402

童希贤 1859,2158,2178,2193,2195,2205,2271,2541,2546,2547,2592,
2595,2673,2674,2766,2767,2826,3394,4800

涂允檀 6557,6562,6564,6566,6569,6570,6572-6575,6690,6718,6809,
6917,7008,7376,7378,7383,7386,7387,7390,7391,7393-7396

屠哲生 1042,1274,1405,1407,1667-1669,1674,2182,2667,3031,3032,
3045,3047,3068,3075,3076,3127,3172,3203,3213,3217,3219,3282,
3286,3291,3292,3296-3299,3304,3306,3319,3352,3379,3386,3424,
3535,3540,3551,3559,3569,3573,3619,3630,3646,5665

W

万斯年 725,3221,3259

汪奠基 6884,7006,7067,7204,7240,7253,7419,7666,7705,7742,7750

汪季文 3726,4832,5457,5944,6741,6746,6747,6788,6793,6798,6804,
6810,6816,6887,6897,6922,6940,6957,7031,7052,7056,7070,7116,
7120,7130,7140,7161,7170,7274,7315,7434,7553,7842

汪静之 785,790,1303,1480,2235,2301,2991,5336,6915

汪孟邹 888,1424,1460,1997,2375,2383,3296,3298,3595,3700,4361,
4412,4739,4741,8288

汪蔚林　5160,5336,5358,5539,5905,6022,6118,6166,6275,6417,6549,
6628,6767,6948,7063,7181,7258,7271,7441,7486,7529,7564,7648,
7739,7806,7822,7824,7836,7986

汪啸水　1720-1722,1724,1758,1777,1833,1842,1850,1895,1909,1922,
2087,2184,3404,3410,3484,3721,3724

汪允安　2070,2200,4432,4434

王葆珣　7481,7761

王葆真　3074,3084,3751,3754,4266,4269,4270,4327,4420,6777,6960,
6966,6969,6971,6972,6974,6996,6997,7170,7437,8113

王崇武　2950,4733,4741,5407,5622

王达甫　6233,6669

王枫　7072,7080,7090

王复初　6253,6426,6455,6632,6638,6703,6718,6777,6901,6956,7029,
7170

王贯之　5892,5905,5906,5912,5917,6014,6018,6029,6033,6038,6048,
6049,6072,6075,6081,6102,6104,6112,6117,6118,6203,6241,6252,
6276,6290,6369,6417,6425,6426,6663,6751,7217,7459,7687,7730,
8093

王国维(静安)　588,704-705,735,3161,3982,4443

王积贤　4938,4956,4958,4963,4968,4975-4977,4980,4982,4983,4986,
4991,4997,5002,5003,5014,5023,5035,5040,5043,5044,5047,5049,
5053-5055,5063,5069,5077,5083,5129,5130,5133,5138,5145,5146,
5149,5156,5157,5160,5172,5178-5181,5184,5185,5193,5203,5205,
5207,5219,5251,5265,5266,5270,5272,5293,5312,5313,5320,5331,
5336,5346,5347,5362,5369,5370,5378,5381,5386,5389,5394,5397,
5423,5443,5445,5453,5459,5464,5466,5467,5469,5471,5482,5487,

5495,5519,5524,5534,5553,5570,5573,5581,5587,5609,5612,5623,
5630-5632,5644,5645,5650,5653,5666,5685,5707,5725,5734,5735,
5738,5744,5751,5763,5768,5774,5782,5786,5795,5801,5819,5822,
5824,5827,5840,5842,5848,5850,5853,5887,5888,5893,5916,5935,
5937,5965,5969,5994-5996,5998,6015-6017,6022,6024,6029,6047,
6049,6102,6104,6118,6134,6349,6358,6360,6423,6628,6751,6767

王季范　6454

王家桢　6251,6256,6352,6895,6926,6992,7372,7396,7398,7399,7592

王剑侯　5727,5811,5990,6059,6739,6915,7120,7245,7697,7817

王剑三　881,1296,1780,2075,2086,2088,2108,2147,2149,2174,2195,
2343,2347,2368,2375,2379,2396,2423,2463,2485,2492,2504,2519,
2520,2530,2613,2619,2627,2651,2705,2764,2770,2806,2835,2841,
3011,3164,3181,3261,3300,3303,3304,3308,3310,3312,3316,3317,
3333,3335,3336,3338,3349,3359,3377,3391,3393,3394,3396,3402,
3412,3413,3437,3450,3460,3494,3503,3513,3593,3636,3637,4508,
4867,4887,5112,5114,5115,5128,5916,5969

王剑英　1829,4336,4733,8029

王健　7680,7684,7686,7691,7694,7695,7699,7702,7721,7725,7726,
7958

王静如　2265,2762,2934,4413,6820-6822,6824-6826,6828-6830,6832,
6833,6835,6839-6841,6843-6848,7453

王久安　1547,2587,3586,4414,4457,4465,4488,4539,4594,4596,4602,
4634,4638,4649,4650,4654,4678,4696,4700,4778,4804,4819,4828,
4841,4845,4847,4865,4874,4882,4883,4926,4950,4951,5189,5371,
5808,5818,5830,5835,5885

王鞠侯　1221,1290,1294,1298,1326,1340,1357,1366,1468,1470,

1472—1474,1556,1557,1568—1570,1718—1720,1723,1733,1739,1761,
1778,1788,1789,1811,1833,1870,1875—1880,1886,1890,1891,1894,
1901,1902,1905,1913,1914,1917,1976,1993,1994,1996,2021—2023,
2026,2075,2077,2095,2099,2133,2206,2229,2230,2317,2450,2555,
2603,2668,2680,2689,2711,2712,2714,2778,2785,2790,2796,2997,
2998,3002,3003,3009,3010,3012,3029,3031,3032,3046,3086,3087,
3100,3107,3114,3115,3129,3138,3141,3151,3159,3170,3171,3176,
3206,3211,3214,3220,3248,3263,3289,3290,3297,3300,3302,3309,
3320,3322,3589,3807—3809,3863,3885,4138,4143,4194,4232,4301,
4368,4369,4372,4379,4387,4392,4395,4398,4400,4404,4413,4424,
4428,4492,4498,4500,4514,4532,4539,4540,4544,4591,4595,4607,
4611,4623,4625,4635,4639,4644,4646,4649—4654,4656,4658,4660,
4661,4671—4673,4675,4676,4681,4683—4686,4689,4740

王君武　302,2763,2957,3734,3755,7140

王恪丞　6443,6532,6779,6890,7007,7013,7031,7045,7073,7180,7319,
7440,7601,7604,7691,7703,7705,7714,7716,7723,7726,7734,7742,
7744,7805,7851,7863,7902,7935,7937,7941,7942,7949

王昆仑　5247,7343,7344,7437

王力(了一)　2581,4744,4746,4959,5250,5287,5422,5613,7013,7036

王历耕　6439,6441,7144,7460,7467,7480,7521,8258

王利器　5494,5581,5659,5670,5753,5765,7151

王良仲　6561,6563,6649,6960

王燎荧　5163,5207,5346,5358,5382,5786,5986,6029,6033,6105,6106,
6184,6210,6412,7181,7739,7820

王梦岩　1038,1040,1216,1250,1262,1269,1277,1285,1318,1321,1324,
1394,1395,1430,1437,1438,1441,1450,1469,1471,1504,1547,1610,

1691,1696,1697,1718,1720,1742,1758,1782,1810,1916,1922,1947,
1984,1986,1997,2015,2066,2069,2077,2080,2090,2167,2216,2224,
2239,2240,2260,2279,2285,2302-2304,2308,2310,2313,2316,2327,
2328,2338,2340,2343,2345,2348,2351,2378,2385,2396,2397,2402,
2407,2423,2424,2427,2441,2442,2512,2514,2562,2590,2596,2597,
2599,2600,2652,2654,2682-2684,2687-2689,2708,2730,2733,2736,
2738,2744,2745,2798,2809,2818,2820,2924,2975,3055,3056,3062,
3063,3071,3078,3091,3125,3133,3158-3160,3169,3248,3259,3309,
3310,3383,3387,3438,3439,3481,3489,3526-3528,3582,3584,3613,
3615,3714,3716,3729-3731,3812,3955,3995,4217,4238,4244,4431,
4728,5856,6315,6813

王佩璋 3750,3885,3976,4004,4013,4079,4080,5160,5162,5163,5165,
5174,5184,5185,5206,5207,5218,5227,5231,5234,5238,5241,5246,
5247,5250,5254,5256,5257,5263,5265,5266,5270,5272,5274,5312,
5324,5332,5336,5343,5348,5351,5354,5355,5357-5359,5396,5397,
5412,5431,5435,5459,5493,5539,5573,5690,5787,5795,5823,5824,
5830,5831,5853,5874,6023,6033,6072,6076,6077,6079,6080,6423,
6425,6938

王平凡 1874,2021,3795,5703,5707,5827,5849,5886,5905,5911,5957,
5959-5961,5970,5997,6108,6126,6142,6145,6176,6190,6332,6343,
6383,6417,6458,6462,6494,6613,6616,6640,6674,6677,6706,6709,
6767,6796,6817,6818,6900,6959,7063,7132,7133,7229,7313,7319,
7330,7343,7362,7453,7454,7504,7505,7509,7552,7568,7582,7655,
7756,7985

王巧生 1250,1252,1254,1255,1257,1352,1363,3525,3526,3557,3721,
3738,3755,3832,3854

王却尘　6230,6235,6238,6250,6255,6264,6286,6327,6355,6437-6440,
6455,6460,6519,6520,6598,6646,7122,7144,7240,7435,7456,7460,
7467,7471,7475,7480,7484,7490,7492,7503,7515,7521,7536,7557,
7575,7585,7598,7617,7623,7649,7653,7661,7669,7673,7674,7681,
7682,7685,7694,7696,7699,7700,7707,7729,7730,7732,7733,7737,
7739,7741,7807,7815,7855,7861,7876,7878,7879,7930,7933,7954
王任叔　2086,2508,3782,5247,5254,6020,6351
王绳祖(翼之)　1,11,15,18-20,31,40,42,47,57,60,67,72,80,93,98,
116,131,142,143,149-164,166-170,172-175,177-179,181,197,199,
206,213,215,219,223,224,232,238,243,262,269,272,273,276,281,
282,286-288,290,294,298,305,308,325-346,348-353,355-357,372,
377,378,382,389-391,394,399-401,406,409,434,435,438,442,446,
478,479,484,487-506,519,528,529,534,545,551,554,555,560,562,
563,566,570,573,586,587,591,613,622,625,649-652,654-665,
667-672,674,679,680,699,703,720-722,724-727,735,740,765,766,
768,770,779,785,796,798,817-835,839,840,847,848,857,860,886,
888,889,892,902,904,907,911,912,916,921,933,939,948-950,954,
956,957,970,973,977,978,985-999,1001-1006,1015,1019,1029,
1032,1033,1037-1039,1041,1049,1054,1057,1058,1079,1080,1091,
1096,1101,1102,1111,1114,1116-1118,1126,1131-1133,1135,1136,
1145,1150-1153,1155-1164,1166,1167,1169,1171-1175,1178,1194,
1201,1202,1205,1224,1234,1235,1237,1242,1246,1251,1253,1259,
1267,1269,1271,1274,1278,1279,1283,1287-1289,1291,1310,1312,
1317,1320,1325,1336,1339,1348,1350-1358,1360-1370,1391,1408,
1412,1413,1415,1430,1435,1449,1454,1457,1476,1478,1492,1494,
1515,1527,1535,1540,1545,1549-1553,1555-1562,1564-1568,

1570-1572,1580,1602,1607,1612,1624,1626,1634,1635,1637,1644,
1645,1650,1654,1673,1678,1707-1710,1728-1739,1759,1786,1812,
1822,1826,1865,1874-1880,1919,1927,1928,1931,1956,1973,2005,
2010,2022,2023,2071,2078,2079,2091,2111,2122-2125,2137-2140,
2218,2229,2258,2267,2288,2299,2301,2326,2399,2407,2411,2434,
2441,2443,2444,2458-2462,2469,2472,2482,2484,2491,2495,2535,
2536,2539,2540,2560-2563,2565-2572,2574,2575,2606,2607,2628,
2629,2631,2635,2637,2641,2661,2662,2664-2666,2668,2670,2673,
2686,2688-2693,2696,2706,2707,2709,2714,2726,2738,2739,2742,
2743,2748,2751,2758,2760,2772,2779,2855,2893,2917,2950,2999,
3001,3032,3037,3118,3122,3162,3243,3245,3307,3309,3313,3327,
3337-3339,3349,3372,3398,3399,3411,3413,3415,3471,3475,3477,
3480-3483,3485,3487,3496,3513,3515,3516,3521,3525,3542,3543,
3550,3590,3632,3634,3644,3653,3654,3661,3664,3688,3711,3712,
3733-3739,3741-3743,3749-3752,3757,3761,3763,3769,3775,3785,
3788,3794,3798-3800,3807,3811,3812,3816,3820,3821,3835,3861,
3877,3906,3920,3933,3934,3937,3938,3940,3941,3954,3969,3985,
3987,4003,4014,4035,4038,4040,4041,4044-4046,4053-4055,4060,
4063,4064,4069,4073,4078,4079,4081,4083,4102,4113,4140,4150,
4152,4175,4202,4217-4219,4234,4235,4242,4243,4248,4254,4278,
4279,4314,4318,4332,4339,4340,4350,4363,4371,4373,4394,4407,
4408,4420,4423,4424,4432,4446,4454,4457,4458,4468,4497,4499,
4507,4511,4513,4514,4517,4583,4584,4609,4614,4980,5054,5056,
5066,5069,5320,5852,6046,6064,6069,6149,6164,6307,6310-6312,
6613,7206,7391,7850-7852,7854,7857,7859-7862,7872,7876,7886,
7899,7918,7970,8427,8430

王世英　2388,4384,4475,4655,6248,6286,6691,6718,7134,7210,7226,
7294,7309

王叔阳(叔旸)　1777,2385,4238,4240,4516,5151

王水照　6590,6938,7104,7118,7120,7141—7143,7183,7206,7212,7221,
7228,7266,7283,7288,7292,7299,7300,7303,7306,7308,7310,7314,
7319,7323,7325,7330,7345,7350,7370,7441,7485,7501,7502,7526,
7544,7554,7564,7582,7782,7810,7833,7841,7844,7847,7848,7852,
7875,7916,7919,7920,7924,7929,7948,7953,7965—7967,7976,7989,
8424

王硕辅　4976,4978,6816

王泗原　4571,5302,5852,8049,8152,8179,8215,8272,8294,8320,8351,
8354,8383,8403,8419,8422

王天木　4466,4470,4483,4590,4602,4613,4625,5165,5213,5613,6710,
7001,7074

王畹芗　2234,4114,5143

王维贤　241,242,257,266,269,270,273,275,283,285,344,347,3845,
3847

王文彬　2899,3410,3569,3581,3594,3756,3823,6997,7080

王西彦　3079,3166

王孝鱼　7969

王欣夫　6308

王馨迪　3740,3746,3903,3938,4031,4035,4093,4133

王雪莹　6440,6441,6445,6458,6960,6966,6971,6973,7000

王亚南　3028,3761,3775,3866—3868,4219,4250,4396,4435,4492,4559,
4560,4562,4570,4574,4588,4602,4621,4627,4632,4634,4646,4678,
4700,4707,4749,4753,4761,4785,4869,4873,4892,4898,4910,4918,

5037,5280,5908,6951

王瑶　4881,5254,5523,5793,5855,6020,7695

王冶秋　4969,6275,6351,6433,7184,7239

王以中　2536,2778,3216,3217,3219,3234,3261,3355,3358,3360,3361,
3370,3394,3408,3409,3413,3417,3418,3434,3437-3439,3442,3445,
3448,3449,3451,3456,3464,3470,3472,3476,3479,3505,3508,3523,
3532,3549,3568,3588,3605,3608,3616,3634,3658,3698,3703,3708,
3713,3791-3793,3797,3798,3802,3805,3809,3811-3816,3819,
3822-3825,3827-3829,3831,3832,3837-3839,3841,3843,3844,3846,
3847,3850,3852,3857,3862,3863,3876,3880,3886,3887,3890,3895,
3897,3898,3910,3927,3933,3942,3951,3953,3959,3961,3962,3978,
3984,3985,3988,3996,3997,4004,4029,4123,4172,4202,4232,4237,
4238,4285,4304,4310,4313,4314,4372-4374,4407,4584,4586,4652,
4660,4681,4684,4686,4688,4704,4738,5105,5155,5299,5353,5354,
5357,5567,5612,5613,5649,5659,5677

王玉麟　1491,1610,3305,4440,4449,4463,4674,4705

王毓英　1685,1907,1985,2162,2631,2638,2677,2794,2805,2806

王云五(岫庐)　11,107,144,209,270,275,399,416,576,589,590,601,
640,645-648,654,668,694,776,791,798,813,814,863,868-872,895,
921,934,936,1040,1129,1203,1204,1207,1260,1269,1485,1514,1685,
2549,2762,2780,3091,3141,3174,3705,3706,3993,4166,4168,4195,
5622,7224,8222

王芸生　6112,6145,6321,6436,6446,6455,6628,6663,7081,7170,7268,
7414,7683

王允中　3072,3074,3076,3078,3081,3083,3199,3210,3275,3319,3325,
3567,3966,4078,4287

王则文　1141,1709,1835,3328,3817,4080,5141,5228,6185,6186,6188,
6218,6244,6267,7802
王兆荣　1803
王哲安　3036,3253
王芝九　204,266,269,379,400,407,414,484,527,536,545-548,550-552,
571,691,794,798,807,827,835,898-900,902,916,925,965,1028,
1030,1032,1033,1050,1052,1065,1082,1088,1089,1115,1185,1200,
1206,1213,1216,1221,1225,1238-1240,1242,1244,1250,1252,1254,
1258,1307,1312,1354,1357,1365,1368,1377,1443,1461,1633,1654,
1730,1746,1927,1938,2301,2302,2450,2451,2469,2492,2493,2520,
2534,2540,2546,2618,2647,2664,2668,2670,2671,2713,2729,2777,
2780,2791,2792,2795,2814,2816,2941,2961,2969,3020,3287,3296,
3306,3325,3336,3342,3390,3391,3432,3440,3441,3447-3451,3456,
3466,3467,3470,3475,3482,3489,3491,3499,3509,3520,3521,3530,
3533-3535,3537-3539,3541,3545,3546,3548-3550,3570,3572,3574,
3578,3579,3582-3585,3588,3589,3591,3593,3596,3604,3609,3611,
3616,3617,3625,3635-3638,3641-3644,3648,3652,3654,3658,3659,
3661,3664,3665,3668,3670-3672,3674,3676,3679,3680,3682,3684,
3685,3687,3690,3699,3702,3712,3713,3725,3741,3742,3783,3795,
3797,3807,3819,3820,3826,3847,3884,3939,3940,3973,4038,4094,
4122,4192,4451,4453,4474,4542,4550,4552,4555,4565,4570,4583,
4597,4601,4605,4627,4630,4647,4649,4652,4653,4661,4689,4690,
4695,4697,4741,4745,4773,4785,4847,4857,4921,4969,5194,5217,
5361,5441,5442,5594,5623,5644,5691,5707,5709,5710,5715,5819,
5828,5838,5839,6012,6019,6203,6339,6434,6707,6709,6739,6987,
7081,7144,7244,7456,7700,8075,8077,8127,8227,8346,8388

王知伊　101,303,642,923,944,1201,1275,1312,1454,1513,1519,1588,
　　1652,1822,1904,1924,1962,1995,2003,2093,2136,2198,2701,2725,
　　3280,3316,3620,3648,3688,3777,3786,3832,3977,4004,4013,4037,
　　4071,4092,4105,4120,4159,4171,4195,4205,4221,4223,4226,4228,
　　4233,4242,4282,4300-4302,4305,4307,4308,4311,4312,4332,4352,
　　4363,4382,4403,4428,4434,4469,4471,4474,4476,4484,4493,4498,
　　4502,4624,5014,5083,5340,5424,5498,5573,5640,5701,5747,5771,
　　5774,5781,5829,5842,5878,5945,6079,6088,6095,6098,6120,6182,
　　6187,6222,6226,6543,6577,6595,6775,6782,6825,6833,6849,6936,
　　6952,6986,7012,7016,7024,7047,7064,7343,7476,7601,7623,7629,
　　7644,7663,7692,7797,7806,7837,7850,7894,8039,8043,8081,8084,
　　8105,8125,8152,8202,8216,8217,8237,8262,8275,8310,8406
王志成　691,754,859,970,974,975,982,988,994,995,1005,1006,1104,
　　1228,1351,1361,1656,1658
王稚圃　3526,3772,3776-3779,3782,3791,3812,3847-3850,3857,3963,
　　4011,4013,4017,4025,4048,4126,4253,4321,4330,4364,4437,4438,
　　4441,4449-4452,4456,4459,4467,4485,4492,4493,4528-4531,4537,
　　4540,4541,4544,4558,4564,4570,4588,4594,4614,4615,4617,4623,
　　4624,4677,4753,4761,4762,4787,4791,4959,4960,5705,7680,8062
王钟翰　4733
王重民(有三)　12,98,1447,1649,1832,1938,1962,2039,2314,2423,
　　2527,2558,2696,2790,2808,2937,2997,3003,3209,3650,4063,4553,
　　4560,4607,4608,4874,4879,4916,4937,4988,4997,5613,5635,5637,
　　5640,5913,6266,6280
王卓凡　7181
王子澄　3125,4079,4325,4692,4694,6302

王子霖　6715,6903,7586,7836,8372
韦傅卿（黼卿）　3556,3557,3564,3576,3703,4433,4556,4559
韦君宜　1059,1860,5025,5773
韦休（息予）　778,826,1302,1319,1321,1324,1331-1335,1346,1357,
　　1367,1403,1404,1408-1430,1434-1438,1440-1443,1445,1448,1450,
　　1452,1456,1462,1463,1469,1471,1472,1474,1476,1477,1479,1482,
　　1484,1487,1489,1490,1492,1494,1498,1503,1504,1508,1513,1519,
　　1520,1524,1527,1529,1540-1544,1548,1553,1556,1557,1561,1565,
　　1566,1569,1573,1578,1589,1590,1596,1597,1599,1604,1605,
　　1608-1611,1613,1616,1617,1622,1626,1629,1630,1632,1633,1635,
　　1636,1642,1644,1647,1651,1654-1656,1658,1662,1664,1665,
　　1667-1669,1671,1674,1676,1678,1683,1685,1689-1691,1694,1696,
　　1697,1701,1702,1707-1710,1713,1716-1718,1720-1722,1725,1726,
　　1742,1747,1757,1759,1764,1767-1772,1775,1777-1780,1782-1787,
　　1789,1790,1792-1794,1796-1799,1801-1807,1810,1813-1815,1818,
　　1819,1825-1827,1884,1885,1898,6330
卫聚贤　921,1512,2710
魏炳甫　1806
魏伯川　3387,3389,3390,3393
魏建功　443,444,3744,3751,3752,3847,3848,3850,3851,3853,3905,
　　3906,3916,3919,3920,3966,3970,4084,4089,4185,4540,4678,4722,
　　6337,6965,7052,7071,7753,7860
魏金枝　1682,6631
文怀沙　5254
翁独健　4715,4725,6390,6391,6673,6684,6691,6695,6698,6700,6704,
　　6713,6900,6914,6926,6933,6943,6953,7001,7118,7146,7172,7419,

7584,7625,7650,7666,7750

翁文灏(咏霓) 422,1697,2372,2891,3176,4166,4167,6233,6352,6355,6403,6983,7072,7170,7437

巫宝三 5751,5752,7007,7172,7240,7282,7436,7440,7490,7525,7584,7598,7650,7705,7750,7770,7773,7809,7815,7855,7861,7863,7936,7941

吴大琨 3712,3714,6285,6555,6557-6564,6566-6570,6608,6795,6811,6817,6897,6899,6901,6954,6994,7005,7032,7052,7062,7065,7481

吴恩(勖初) 47,60,62,74,76,77,80,86,96,119,139,147,153-157,168-171,177,236-238,257,266,269,273,280,324,371,436,447,450,479,496,505,551-553,556,558,561,562,651,663,664,744,757,759,768,785,823,831,832,834,880,882,887,890,991,1001,1009,1058,1102,1159,1172,1173,1267,1268,1350,1353,1360,1364,1421,1429,1449,1451,1513,1515,1547,1551,1552,1554,1557,1560,1564-1567,1569,1571,1731,1737,1774,1875,1878,1910,2417,2419,2420,2426,2439,2441,2443,2454,2456-2458,2462,2464,2466-2469,2471,2473,2486,2487,2497,2499,2512,2525,2532,2567,2570,2572,2609,2677,2774-2776,2778,2779,2781-2783,2807,2809,2810,2821,2861,2892,2986,3001,3004,3014,3034,3062,3067,3072,3081,3083,3117,3220,3224,3228,3262,3264,3292,3299,3304,3314,3318,3319,3332,3334,3336,3337,3343,3345,3346,3349,3350,3354-3356,3358,3360,3363,3364,3366,3369,3371-3373,3375,3378-3380,3386,3393,3395,3419,3437,3440,3443,3445,3478,3482,3483,3498,3503,3505,3507-3509,3513,3516,3517,3522,3524,3567,3586,3587,3637,3660,3665,3717,3718,3720,3726,3730,3782,3803,3841,3926,3927,3934,4004,4005,4038,4041,4043,4045,4176,4544,8017

吴赓舜　6362,6417,6655,6938,7032,7118,7141,7206,7228,7266,7267,
7274,7283,7295,7296,7300,7303,7308,7314,7319,7330,7350,7370,
7441,7456,7542,7564,7584,7585,7598,7599,7605,7627,7641,7644,
7656,7663,7665,7680,7682,7684,7686,7688,7690,7691,7693-7695,
7699,7702,7706,7721,7725,7726,7748,7757,7762,7953,7955,7965,
7966,7980,7989,8424

吴晗　1850,3786,3822,3823,4145,4299,4715,4881,5021,5413,5461,
5613,5630,6006,6659,7841,7875,7918,7920,7921,7929,7931-7933,
7936,7941,7942

吴湖帆　480,1689,2376,2494,2495,2523,2660,2673,2674,2899,2937,
3240,3244,3572,3768,3898,3899,4191,5272,5274,5856,7880,7883,
8034

吴慧　8094,8100,8101,8106,8122,8126,8173,8180,8201,8203-8206,
8211,8219,8223,8225,8226,8232,8243,8244,8246,8249,8261,8325,
8349,8406

吴觉农　714,1713,2073,2132,2149,2646,3740,3744,3781,3790,3810,
3839,3844,3847,3848,3854,3861,3871,3878,3880,3903,3915,3916,
3938,3939,3954,3965,4008,4016,4025,4032,4066,4087,4185,
4192-4195,4206,4225,4233,4245,4270,4294,4444,4445,4449,4457,
4463,4467,4482,4547,4548,4553,4594,4595,4602,4618,4633,4671,
4711,4716,4719,4769,4791,4809,4847,4882,4883,4969,4980,
5023-5025,5137,5138,5200,5451,5732,6234,6238,6249,6274,6336,
6432,6555,6557,6562,6567,6569,6573,6576,6814,6863,6900,6901,
6924,7062,7117,7162,7368,7482,7632,7695,7801

吴景超　6229,7372,7412

吴景松(景凇)　3459,3719,3731,3740,4314,6228,6326,6331,6399,6414

吴康（致觉） 1,3,4,29,60,68,132,208,238,240,257,266,269-271,
273-275,279,283,285,286,350,380,399,413,455,476,484,527,532,
536,541,545-548,550-556,558,559,567,570,576,578,591,608,609,
614,631,632,714,738,744-746,757,784,794,846,923,958,1008,
1039,1087,1150,1208,1210,1238,1262,1263,1284,1330,1345,1380,
1381,1397,1404,1408,1412-1415,1419,1422,1429,1433,1435-1437,
1442,1451,1473,1474,1483,1496-1498,1502,1503,1513,1545,1552,
1554,1557,1559,1565,1567,1569,1571,1582,1694,1731,1732,1737,
1753,1783,1910,1989,2011,2015,2016,2057,2417,2420,2426,2462,
2484,2488,2525,2526,2531,2648,2685,2774,2783,2785,2786,2797,
2805,2813,2858,2889,2914,2925,2957,2958,3001,3071,3075,3080,
3093,3114,3117,3260,3264,3288,3344,3345,3356,3358,3360,3363,
3443,3446,3449,3451,3482,3516,3565,3566,3577,3596,3665,3717,
3720,3722,3725,3726,3755,3772,3794,3796,3803,3913,3927,3935,
3940,3943,4038,4067,4171,4173,4181,4184,4186-4188,4194,4196,
4211,4212,4255,4262,4266,4283-4286,4299,4300,4302,4304,4312,
4314,4315,4319,4329,4332,4343,4363,4378,4379,4383,4391,4405,
4406,4414,4422,4435,4501,4508,4525,4544,4556,4558,4559,4562,
4581,4582,4585,4727,4728,4732,4734,4765,4778,4780,4787,4793,
4846,4852,4904,4907,4920,4925,4928,4943,4944,4987,5000,5002,
5008,5013,5016,5019,5023,5027,5051,5056,5254,5311,5313,5325,
5335,5354,5358,5365,5368,5395,5423,5441,5445,5449,5454,5463,
5543,5544,5739,5754,5755,5768,5781,7012,7109

吴克刚 4066,4133

吴克明 3724

吴朗西 2449,2462,2527,2530,2662,2665,2674,2678,2680,3755,3763,

3764,3833,4133

吴秋白　1,6,47,147,149,151,153,166,168,198,213,327,349,3868,
3870,4386,6350

吴荣　7319,7435,7440,7444,7460,7482,7548

吴世昌（子臧）　7131,7132,7134,7141,7149,7181,7189,7206,7208,
7211,7213,7221,7228,7230,7235,7253,7263,7343,7464,7477,7585,
7989,7235,7258,7274,7281-7283,7296,7300,7303,7307,7313,7314,
7322,7330,7332,7334,7347,7350,7359,7370,7421,7449,7453,7458,
7465,7485,7486,7504,7505,7525,7529,7542,7575,7584,7586,7595,
7599,7605,7625,7627,7631-7641,7644,7663,7665,7666,7670,7671,
7674,7682,7684,7686,7688,7690,7691,7693-7695,7699,7702,7705,
7706,7713,7715,7718,7721-7723,7725,7726,7739,7742,7747,7748,
7750,7752,7756,7757,7762,7763,7767,7779,7782,7784-7786,7789,
7800-7803,7806,7810,7815,7852,7868,7875,7877,7884,7903,7916,
7920,7924,7929,7942,7946,7948,7950,7953,7955,7958,7959,7962,
7965,7966,7971,7973,8021,8070,8114,8120,8143,8154,8186,8200,
8208,8214,8223,8226,8234,8264,8294,8354,8368

吴颂皋　2,3,7,9,11,15,27-29,32,38,44,51,54,59,80,83,93,124,126,
139,142,147,150-153,157,158,160-162,164,165,167,170-172,
175-178,180,238,242,266,269-271,273-275,489,498,1101,1158,
1172,1464,2532,3003,3150,3344

吴铁声　6297

吴文祺　322,448,486,487,521,729,750,759,762,763,772,808,859,861,
865,937,988,1033,1046,1091,1112,1152,1161,1166,1173,1266,1268,
1308,1314,1360,1379,1437,1441,1499,1553,1591,1993,1996,2084,
2086,2096,2099,2101,2105,2149,2286,2288,2295,2301,2316,2375,

2668,2867,2965,3015,3032,3121,3320,3467,3469,3662,3712,3719,
3782,3793,3822,3883,4067,4348,4371,4574,5287,5288,5857,8075,
8077

吴文涛　4486,4860,7395

吴文藻（文钊）　1961,6230,6235,6388,6390,6391,6393,6414,6520,
6598,6779,6890,6941,6985,7007,7013,7014,7018,7022,7030,7073,
7242,7282,7319,7410,7435,7440,7444,7456,7460,7467,7471,7475,
7480,7482,7484,7490,7492,7495,7503,7536,7542,7585,7598,7601,
7604,7613,7615,7617,7623,7632,7649,7650,7659,7661,7663,7665,
7666,7669,7671,7673,7674,7676,7678,7681,7683,7685,7687,7689,
7691,7694,7696,7699,7700,7703,7705,7707,7711,7714,7716,7718,
7721,7723,7725,7726,7729,7730,7732-7734,7737,7739,7741,7742,
7744,7746,7749,7753,7755,7757,7761,7763,7876,7878,7879,7883,
7886,7894,7902,7903,7930,7933,7935-7937,7941,7942,7949,8410

吴希猛　59,67,97,147,238,266,644

吴向之　1971,2081,2082,2095,2096,2159,2167,2169,2170,2197,2204,
2207,2211,3393-3396,3398,3400-3404,3407,3408,3410-3415,3418,
3420,3428,3430,3432,3445,3455,3474,3478,4684,8374

吴晓邦　6388,6390,6391,6393,6394,6397,6416,6574,6575,6703,7376,
7378,7381,7382,7387,7400-7402,7404,7412,7748

吴晓铃　2599,5247,5849,5850,5855,5859,5864,5874,5893,5905,5906,
5912,5954,5959,5971,5977,5979,5981,5986,5988,5997,5999,6014,
6015,6019,6020,6022,6029-6031,6033-6039,6042,6049,6052,6056,
6066,6067,6105,6106,6112,6118,6134,6142,6157,6161,6165,6167,
6173,6190,6218,6244,6252,6257,6263,6291,6316,6320,6341,6343,
6350,6369,6425,6628,6640,6742,6743,6792,6931,7030,7063,7132,

7141,7228,7300,7303,7307,7308,7313,7314,7322,7324,7330,7350,
7370,7421,7422,7425,7485,7525,7542,7599,7605,7618,7627,7644,
7647—7649,7663,7665,7680,7690,7691,7693—7695,7702,7706,7721,
7725,7726,7748,7985,8264

吴研因　20,99,691,1960,2206,3871,4187,4474,4627,6230,6235,6242,
6260,6263,6272,6347,6373,6393,6403,6414,6420,6437—6441,6445,
6446,6448—6450,6452,6455,6460,6520,6533,6598,6601,6603,6604,
6608,6615,6626,6646,6669,6695,6713,6736,6777,6779,6890,6899,
6912,6917,6922,6926,6934,6940,6945,6948,6951,6957,6959,7013,
7025,7026,7029,7045,7052,7065,7072,7079,7080,7084,7096,7116,
7146,7170,7187,7240,7251,7258,7265,7282,7287,7309,7319,7329,
7435,7437,7444,7456,7460,7467,7471,7475,7480,7484,7490,7492,
7495,7503,7506,7515,7517,7521,7524,7536,7542,7557,7583,7585,
7598,7601,7604,7613,7615,7617,7626,7627,7643,7645,7649,7650,
7653,7659,7661,7663,7665,7669,7671,7673,7674,7677,7678,
7681—7683,7685,7687,7689,7691,7694,7696,7699,7700,7703—7705,
7707,7714—7716,7721,7723,7725,7726,7730,7732—7734,7737,7739,
7741,7742,7744—7746,7757,7759,7761,7763,7770—7774,7776—7778,
7780,7786,7790,7791,7793,7797,7805,7807,7809,7813,7831,7834,
7851,7855,7863,7876,7878,7879,7894,7902,7903,7912,7930,7933,
7935,7937,7941,7942,7949,7954,8047,8144,8412,8414

吴贻芳　4258,7886

吴玉章　2225,4336,4715

吴泽　2258,3397,3890

吴稚晖　241,388,872,908,1206,2099

吴仲超　7001

吴仲盐　1098,1445,1483,1538,1607,1615,1639,1648,1657,1711,1745,
1779,1794,1797,1805,1806,1924,1925,1929,1948,1978,1995,2003,
2006,2017,2020,2040,2058,2060,2079,2081,2084,2085,2088,2089,
2111,2115,2131,2132,2158,2162,2195,2196,2205,2213,2214,2236,
2244,2250,2277,2278,2281-2284,2302-2305,2349-2353,2365,2371,
2374,2375,2588,2668-2670,2673,2674,2676,2680-2682,2686,2692,
2695,2700,2701,2711,2714,2717,2718,2722,2726,2741,2747-2750,
2768,2908,2909,2913,2915,2918,2920,2921,3082,3358-3361,3367,
3447,3450,3457,3458,3460,3466,3467,3474,3477,3529,3533,3546,
3551,3552,3592,3593,3757,3845,3848,3891,5332,5439,5441
吴组缃　5247,5338,7258,7695
武兰谷　3922

X

夏承焘（瞿禅）　8257,8259,8420,8424
夏康农　7253,7650,7666,7750
夏龙文　2162,2261,2293,2371,2376,2788,2965,3540,3670,3758,3790,
3804,3820,3860,3861,3876,3884,4016,4024,4051,4074,4081,4087,
4092,4105,4123,4126,4133,4135,4205,4213,4218-4220,4223,4225,
4226,4229,4231,4234,4237,4239,4272,4274-4276,4280,4284,4287,
4300,4305,4307,4320,4323,4338,4340,4341,4344,4346,4351,4361,
4371,4380,4385,4394,4397,4399,4402,4403,4405,4423,4429,4434,
4467,4469,4479,4482,4485,4539,4558,4674,5026,5068,5204,5229,
5334,5443,5474,5476,5508,5619,5794,5801,5958,6068,6701,6707,
7154,7234,7356,7424,7536,7544,7815,7839
夏满子　1775,1953,2072,2082,2126,2131,2304,2308,2466,2791,2797,

3232,3236,3761,3764,3790,4215,4236,4382,4454,4463,4482,4489,
4566,4788,4849,5180,5222,5259,5269,5275,5314,5317,5385,5436,
5440,5447,5450,5504,5522,5582,5605,5665,5674,5716,5774,5775,
5788,5799,5820,5840,5841,5883,5888,5899,5945,5964,5996,6010,
6020,6056,6067,6069,6096,6143,6170,6177,6205,6211,6259,6279,
6324,6342,6379,6401,6490,6527,6553,6617,6640,6701,6711,6748,
6757,6758,6761,6763,6805,6808,6922,7027,7032,7140,7154,7188,
7192,7252,7274,7356,7429,7465,7478,7522,7544,7571,7575,7577,
7581,7583,7598,7606,7657,7677,7683,7704,7715,7753,7793,7808,
7815,7860,7868,7881,7888,7889,7924,7973,7986,7992,8119,8129,
8147,8154,8180,8181,8229,8336,8340,8341,8351,8352,8356,8366,
8401,8407,8412,8422

夏丏尊　374,425,429,449,451,457,459,468,469,526,543,561,594,615,
628,694,739,858,888,893,907,908,924,925,928,929,944,946,958,
959,982,995,998,1006,1029,1030,1041,1051,1052,1061,1063,1067,
1069,1086,1087,1091,1096,1098,1104-1107,1109,1136,1140,1150,
1153,1159,1164,1166,1170,1172,1202,1206,1224,1240,1246,1272,
1296,1314,1325,1326,1332,1339,1347,1398-1400,1420,1421,1423,
1428,1430,1433,1435,1437,1438,1440,1444,1446,1448,1451,1452,
1455,1457,1459,1462,1468,1475-1477,1483,1486,1488,1490,1493,
1504,1506,1508,1511,1520,1522-1524,1531-1533,1537-1540,1591,
1592,1598,1600,1601,1608,1610,1613,1618,1620,1624,1628,1630,
1638-1640,1645,1654,1655,1657,1665,1667-1669,1671,1674,1678,
1682,1686,1687,1690,1691,1693,1696,1697,1705,1710,1711,1713,
1715,1718,1720,1723,1725,1726,1761,1764,1766,1768-1771,1774,
1775,1779,1780,1783,1786-1789,1792-1794,1796,1797,1803,1815,

1818,1825,1831,1837,1839,1846-1849,1861,1865,1893,1898,1903,
1910,1912,1914,1915,1918,1925,1926,1929,1931,1932,1936,1942,
1946,1948-1954,1956,1963,1964,1968,1970,1972,1977,1980,1989,
1992,1994,2003,2006,2013,2017,2028,2037,2040,2042,2049,2052,
2057,2059,2062,2070,2072-2074,2078-2082,2084,2085,2087,2089,
2092,2094,2095,2097,2099,2102,2104,2108,2109,2111,2112,2117,
2118, 2123, 2125, 2132-2134, 2136, 2141, 2145, 2147-2150, 2153,
2155-2157,2161,2162,2167,2174,2196,2201,2213,2216,2220-2223,
2227,2230,2232,2234,2235,2246,2248,2254,2257,2259-2263,2268,
2277,2283,2289,2292-2298,2300,2304-2306,2308,2309,2314,2317,
2319,2321,2322,2324,2327,2328,2330,2331,2333,2335,2337-2339,
2342-2347, 2349-2351, 2353, 2371-2375, 2377-2381, 2384, 2385,
2388-2391,2393,2396,2399,2402,2403,2405,2406,2408,2410-2414,
2416-2418, 2420, 2424, 2425, 2430, 2432, 2437, 2439, 2441, 2443,
2446-2449,2453,2455,2456,2460,2461,2466,2468,2469,2471,2475,
2476,2479,2482,2485,2488,2489,2491,2494,2496,2497,2504,2506,
2512,2518-2521,2525,2529,2531,2533,2537,2541,2542,2545,2554,
2557,2561,2566,2571,2572,2577,2584,2590,2591,2598,2603,2605,
2609-2612,2615,2619,2627,2632,2633,2639,2642,2644,2646,2649,
2651,2652,2667,2674-2676,2682,2690,2692,2693,2701,2706,2711,
2713,2714,2740,2741,2748-2750,2754,2755,2761,2762,2768-2771,
2773,2775,2781,2782,2787,2788,2792,2804-2806,2811,2813-2815,
2819,2821,2824,2829,2832,2833,2839,2843,2844,2848,2852,2854,
2858,2867,2872,2877,2890,2892,2894,2897,2898,2900,2903,2904,
2908,2909,2917,2926,2936,2939,2945,2969,2973,2980,2982,2998,
3007,3009,3020,3024,3032,3042,3055,3058-3060,3065,3066,3068,

3069,3092,3099,3104,3106,3112,3135,3138,3149,3159,3180,3232,
3251,3254,3263,3264,3276,3281,3282,3285,3287,3289-3291,3294,
3297,3298,3301,3303,3305-3309,3312-3314,3318,3331,3333,3339,
3340,3343,3345,3347,3362-3364,3377,3379,3381,3382,3385,3387,
3391,3395,3397,3398,3401,3402,3404,3409,3415,3421,3424,3427,
3433,3435,3437,3438,3442,3444,3446-3448,3455,3457,3460,3462,
3470,3473-3475,3477,3486-3489,3491,3492,3494,3497,3499-3501,
3503,3506,3507,3513,3515,3516,3520,3526,3529,3532,3533,3537,
3538,3545,3546,3551,3553,3560,3561,3565,3566,3576,3581,3585,
3591,3594-3599,3601,3602,3606,3608,3611,3617,3619,3622,3630,
3633,3634,3637,3644,3646,3648,3649,3658,3661,3663,3665,
3667-3671,3674,3675,3677,3679-3689,3691,3693-3695,3697-3701,
3703-3706,3708-3711,3715,3719,3723-3725,3727,3728,3733,
3738-3745,3747,3749-3753,3755,3773,3778,3784,3788-3790,3795,
3805,3809,3826,3834,3892,3935,4081,4084,4223,4255

夏鼐（夏作铭） 4688,4957,6603,6744,6772,6795,6879,6884,6891,
6895,6901,6933,6953,6998,7030,7049,7067,7076,7118,7477,7486,
7625,7650,7666,7734,7742,8120,8406

夏衍 3712,3771,3776,4438,4439,6351,7737,7986,7988

夏质均 1847,1931,1964,1992,2038

向达（觉明） 477,481,561,609,617,639,650,707,753,820,829,883,
884,934,1018,1041,1042,1082,1083,1096,1100,1115,1116,1126,
1133,1134,1139,1145,1159,1160,1162,1163,1172-1175,1205,1206,
1227,1233,1257,1261,1283,1294,1297,1298,1301,1302,1326,1342,
1346,1349,1351,1353,1355,1356,1361,1363,1366-1368,1370,1377,
1394,1401,1409,1418,1546,1549,1550,1562-1564,1567,1833,1943,

1944,1993,1994,3884,4010,4011,4029,4109,4299,4438,4440,4442,
4444,4452,4459,4465,4469,4470,4553,4557,4559,4591,4606-4608,
4615,4643,4644,4651,4662,4668,4715,4729,4731,4733,4742,4746,
4748,4749,4804,4820,4831,4859-4861,4863,4865,4946,4997,5002,
5194,5248,5352,5442,5463,5613,5614,5718,5720,5721,5724,5736,
5738,5753,5785,5790,5792,5793,5914,6231,6337,6432,6433,6512,
6553,6603,6673,6691,6695,6713,6733,6774,6811,6926,6954,7024,
7057,7062,7070,7072,7074,7095,7100,7107,7146,7182,7188,7324,
7340,7363,7407,7504,7505,7538,7580,7588,7695,7767,7801,7803,
8312

萧冰黎　1860,1871,2636
萧迪忱　4089
萧友梅　1132,1305
谢冰心　1162,1961,3871,4042,4043,6230,6264,6286,6460,6520,6779,
6890,7007,7013,7122,7144,7242,7257,7282,7319,7436,7444,7456,
7460,7467,7471,7475,7480,7482,7484,7490,7492,7495,7503,7536,
7542,7598,7600,7604,7613,7615,7617,7671,7673,7674,7677,7678,
7681,7682,7685,7687,7689,7691,7694,7696,7699,7700,7703-7705,
7707,7714,7716,7721,7723,7725,7729,7730,7732,7734,7737,7739,
7741,7744,7746,7751,7755,7757,7759,7761,7763,7771,7773-7778,
7780,7786,7790,7791,7793,7797,7800,7801,7805,7807,7809,7813,
7851,7855,7861,7863,7870,7876,7878,7879,7883,7886,7894,7903,
7930,7933,7935-7937,7941,7942,7949,7954
谢辰生　4334,8356,8357
谢国桢　1117,1242,1935,2825,4047
谢家荣　6253,6978,6996,7535

谢励吾　3508

谢六逸　5,7,29,36,37,44,74,83,119,241-243,250,251,260,267,277,
278,296,379,389,411,451,471,476,481,484,486,488,507,525,528,
536,539,575,596,597,602,608-610,613,649,703,732,739,750,753,
772,787,793,798,806,827,836,861,881,884,896,908,919,955,967,
969,1034,1054,1065,1081,1086,1089,1104,1109,1125,1137,1226,
1232,1245,1246,1256,1296,1310,1326,1347,1397,1413,1426,1429,
1430,1433,1475,1512,1531,1544,1548,1597,1598,1613,1622,1681,
1682,1706,1713,1792,1803,2105,2108,2111,2125

谢乃光　1052,1125,1147,6551,6973,6975,6979,7492

谢无量　2021,6397,6403,6533

辛安亭(树帜)　1220,1338,1359,1369,3203,3448,4240,4534,4851,4931

辛笛　3965,3984,4039,4042,4208,4210,8098

邢赞亭　6006,6020

熊佛西　3767,3957,7412

徐百齐　3410

徐柏堂　2899,3125

徐邦达　3522,4602,5021,5060,5147,6695,7001,7368

徐悲鸿　396,398,1219,5331,6066,7545,7900,8051

徐冰　6287,6403,6406,6669,6713,7203,7417,7547,7643,7786

徐炳昶(旭生)　4674,4715,4725,4909,6004,6431,6433,6734,6744,
6772,6801,6865,6884,6905,6914,6928,6933,6953,6998,7006,7049,
7067,7076,7235,7239,7263,7419,7453,7477,7525,7625,7650,7666,
7674,7705,7718,7742,7750,7946

徐炳生　2939,3056,3091,3092,3133,3139,3163,3168,3172,3177,3183,
3188,3192,3200,3211,3215,3220,3227,3229,3234,3238,3243,3247,

3253,3258,3263,3268,3273,3280,3293,3294,3297,3299,3303,3308,
3310,3314,3411,3422,3723,3724,3726,3727,3729,3730,3732,3737,
3741,3745,3746,3752,3763,3784,3886,3921,3943,3951,3994,4006,
4041,4092,4105,4228,4233,4307,4330,4344,4346,4382,4425,4724

徐伯昕　3712,4287,4438,4463,4465,4475,4477,6228,6230,6263,6286,
6295,6314,6317,6326,6327,6333,6360,6370,6378,6393,6394,6397,
6422,6424,6514,6520,6529,6533,6703,6952,7007,7013,7031,7036,
7045,7170,7180,7187,7209,7237,7240,7258,7371,7421,7424,7431,
7435-7437,7444,7456,7460,7467,7471,7475,7480,7481,7510,7515,
7521,7524,7536,7553,7557,7585,7587,7595,7596,7598,7601,7602,
7604,7641,7649,7650,7689,7860

徐楚波　6520,6646,6786,6890,6917,6952,7007,7013,7031,7045,7073,
7095,7122,7144,7147,7240,7241,7282,7298,7319,7371,7421,7435,
7436,7440,7444,7456,7460,7467,7471,7475,7480,7484,7490,7492,
7495,7510,7524,7536,7542,7585,7598,7601,7604,7613,7615,7617,
7641,7649,7650,7653,7659,7661,7663,7665,7667,7669,7671,7673,
7674,7676,7681-7683,7685,7687,7689,7691,7694,7696,7698,7700,
7703-7705,7707,7714-7716,7721,7723,7725,7726,7729,7730,7732,
7734,7737,7739,7741,7742,7744,7746,7749,7757,7759,7761,7763,
7769-7778,7780,7786,7790,7793,7800,7805,7807,7809,7813,7815,
7851,7855,7861,7863,7870,7879,7883,7886,7894,7903,7930,7933,
7942,7949,7954,8047,8410

徐公恃　7782,7784,7810,7821,7841,7844,7852,7875,7877,7903,7916,
7920,7942,7948,7953,7965,7966,7975,7989

徐行之　7014,7019,7584

徐鉴堂　2899,3132,3227

徐凌云（摹烟） 2241,3982,5992,6029,6033,6035,6038,6039,6042,
6108,6349,6354,6936,6938,7465
徐敏霞 6238,6254,6278,6280,6285,6288,6289,6297,6460
徐启堂 2562,2563,2899,2947,3132,3929,4539,4620,6967
徐森玉 3394,3401,3434,3472,3501,3568,3703,3740,3752,3824,3850,
3858,3886,3887,3906,3917,3984,4011,4035,4100,4131,4138,4433,
4909,6005,6141,6308
徐少眉 2682,2688,2881,2947,2963,3125,3132,3929
徐士航 6979
徐寿龄 45,634,2835,5751,6914,6952,7140,7507
徐叔华 7027
徐特立 4336,4453,4715
徐调孚 74,89,218,239,241,261,275,322,324,371,372,388,399,401,
402,405,406,423,428,432,448,459,462,466,471,474-476,481,484,
486,488,525,536,546,548,565-568,571,573,575,578,581-587,591,
597,602,608-610,613-615,617,618,625,628,634,636,694,696,710,
714-716,718,720,721,727,729,730,732,739,744,746,748-750,753,
755,785,787,790,793,798,859,861,863,864,878,880,888,896,907,
908,919,955,962,963,967,969,971,976,1006,1028,1030,1031,1034,
1041,1044,1052,1054,1062,1065,1069,1078,1081,1083,1086,1089,
1096,1099,1104,1108,1109,1112,1115,1125,1130,1131,1134,1136,
1140,1141,1143,1146,1201,1202,1212,1214,1224,1232,1239,1245,
1247,1249,1250,1252,1254,1257,1260,1266,1268,1271,1272,1276,
1285,1289,1290,1293-1296,1309,1310,1326-1328,1332,1337-1339,
1341,1347,1365,1368,1392,1395,1396,1398,1401,1402,1413,1423,
1453,1454,1458,1460,1461,1468,1471,1474-1476,1480,1483,1484,

1486,1488,1490,1496,1499,1504,1506,1510,1511,1515,1519,1520,
1522,1526,1531,1540,1543,1544,1547,1550,1555,1563,1564,1568,
1595,1597-1599,1602,1613,1618,1620,1622,1633,1643,1645,1648,
1649,1655,1676,1678,1681,1682,1687,1706,1708,1710,1711,1713,
1714,1725,1726,1757,1763,1765,1768,1769,1775,1777-1780,1787,
1789,1790,1792-1794,1796,1799,1801,1804,1805,1809,1811,1815,
1818,1831,1835,1837,1839,1845,1848,1849,1862,1872,1876,1880,
1893,1898,1903,1905,1908,1910-1912,1915,1918,1925,1930,1932,
1935-1937,1942,1947,1951,1953,1955,1960,1970,1986,1989,1994,
2003,2017,2020,2033,2047,2049,2051,2057,2060,2070,2073,2080,
2086-2089,2092,2093,2096,2101,2105,2107,2108,2111,2117,2120,
2121,2125,2145,2147,2149,2150,2155,2156,2171,2174,2175,2200,
2202,2203,2215,2221,2230,2235,2241,2246,2258,2270,2273,2278,
2281-2287,2292-2295,2300,2302,2304,2306,2314,2317,2320,2325,
2330,2331,2333-2335,2338-2340,2343,2347,2351,2374-2378,2380,
2382,2385-2387,2389,2391,2392,2394,2396-2398,2401,2402,2408,
2411,2414,2416,2422,2423,2425,2428,2432,2437,2443,2449,2457,
2463,2476,2479,2482,2485,2489,2496,2525,2541,2544,2551,2556,
2577,2599,2610,2615-2618,2625,2627-2629,2651,2664,2667,2668,
2681,2691,2734,2735,2738,2742,2764,2780,2782,2786,2790,2792,
2793,2799,2805,2806,2813,2815,2819,2831,2834,2836,2841-2843,
2856,2863-2865,2874,2878,2879,2886,2888,2889,2903,2911,2928,
2930,2936,2937,2945,2950,2956,2960,2965,2974,2980,2982,2988,
2991,2998,3011,3012,3019-3021,3024,3029,3031,3032,3045,3051,
3054,3062,3070,3087,3092,3096,3106,3107,3116,3119-3121,3128,
3129,3136,3144,3159,3164,3184,3186,3187,3194,3202-3205,3208,

3210,3211,3214,3215,3241,3248,3253,3289－3292,3295,3297,
3299－3301,3304,3307－3309,3311－3313,3315,3322,3325,3326,3331,
3338,3342,3346,3347,3352,3354,3357,3358,3360,3363,3365,3368,
3371,3376,3379,3382,3385,3387,3390,3391,3394－3396,3402,3403,
3405－3407,3412,3413,3416,3423,3431,3435,3437,3439,3449－3451,
3456,3459,3462,3469,3473－3475,3483,3487,3490,3492,3494,3497,
3503,3504,3506,3507,3513,3514,3516,3519,3525,3532－3534,
3543－3545,3549,3554,3560,3561,3573－3575,3577,3581,3589,3591,
3595,3596,3599,3608,3619,3621,3623,3634,3637,3638,3640,3655,
3656,3659－3661,3663,3665－3668,3670,3675,3686－3689,3692－3696,
3703,3708,3709,3712－3716,3718－3720,3722－3726,3728,3733,3734,
3738,3739,3743,3750－3753,3755,3758,3759,3761,3762,3765,3767,
3775,3776,3779,3780,3787,3789,3790,3793,3796,3797,3804,3808,
3815,3822,3823,3827,3828,3835,3850,3857,3858,3860,3861,3866,
3868,3870,3871,3881,3883,3894,3897,3906,3913,3916,3923,3924,
3928,3935,3952－3954,3958,3959,3968,3969,3973,3974,3978,3981,
3983－3985,3998,4025,4027,4029,4037,4038,4043,4048,4050,4059,
4072,4075,4077,4084,4087,4092,4093,4098,4100,4103,4105,4107,
4108,4116－4120,4123,4125,4126,4131－4133,4138,4141,4152,4153,
4181,4182,4184,4187,4188,4193,4195,4197,4201,4202,4205,4210,
4211,4219－4221,4224,4226,4232,4235－4237,4244,4245,4256,4263,
4279,4284,4286,4287,4289,4294,4299,4301,4305－4312,4314,4317,
4324－4326,4328,4333,4334,4338,4339,4342,4345,4351,4352,4355,
4356,4358,4363,4366,4371,4375,4376,4379,4386－4390,4393,4395,
4400,4406－4409,4412,4414,4418,4422,4426,4435,4441,4446,4447,
4453,4458,4460－4462,4464－4466,4470－4477,4479,4481,4482,4485,

4487,4489,4490,4492-4496,4498-4502,4505,4508,4511-4513,4521,
4522,4525,4526,4528,4529,4532,4534,4536,4537,4540,4544,4545,
4548,4551-4553,4555,4558,4560,4561,4566,4576,4582,4583,4588,
4590-4592,4594,4595,4597,4600,4603,4606,4609,4616,4618,4623,
4634,4637-4639,4646,4669,4695,4738,4761,4784,4786,4794,4822,
4828,4838,4849,4851,4867,4881,4891,4892,4895,4900,4903,4906,
4910,4911,4914,4918,4940,4942,4946,4948,4951,4954,4957,4961,
4963,4965,4975,4996,4997,5023,5024,5031,5041,5042,5060,5072,
5099,5132,5144,5162,5174,5187,5189,5194,5200,5201,5206,5229,
5230,5253,5257,5263,5271,5278,5287,5303,5306,5307,5314,5320,
5321,5324,5329,5337,5346,5349,5350,5352,5371,5374,5377,5420,
5421,5465,5473,5480,5507-5509,5513,5564,5593,5597,5612,5613,
5633,5639,5643,5656,5679,5684,5688,5703,5723,5732,5734,5781,
5819,5820,5823,5838,5855,5864,5877,5892,5894,5989,5999,6005,
6006,6009,6010,6017,6020,6098,6172,6204,6236,6260,6272,6275,
6344,6346-6348,6394,6420,6421,6693,6701,6702,6711,6720,6757,
6818,6919,6965,6988,6993,7067,7071,7129,7148,7244,7424,7456,
7483,7552,7557,7571,8018,8087,8162,8170,8217,8374,8412

徐蔚南　411,443,644,1512,2489,2575,3011,3027,3056,3057,3090,
3091,3125,3131,3165,3204,3205,3210,3211,3213,3218,3220,3255,
3265,3292,3714,3715,3717,3804,3823

徐永平　7757

徐振祺　6979,6981

徐志摩　29,46,48,388

徐中舒　615,618,694,772,773,824,833,1109,1935,2160

徐铸成　3821,3837,3855,3862,3876,3878,3895

徐子馀　6185,6186,6218

许德珩　7024,7410,7414

许德政　7903,7916,7920,7953,7954,7965,7966,7975,7981,7989,7994,
8139,8191,8387

许地山　488,714,1682,3195

许广平　3708,3712,3804,3971,4061,4076,5323,6094,6230,6250,6264,
6460,6779,6890,7007,7013,7052,7073,7077,7240,7257,7282,7298,
7309,7319,7372,7383-7386,7393,7395,7419,7436,7440,7444,7456,
7460,7471,7583,7598,7601,7617,7623,7630,7649,7669,7671,7682,
7689,7694,7703,7707,7714,7716,7718,7721,7726,7729,7730,7732,
7734,7805,7855,7861,7863,7870,7879,7883,7894,7902,7903,7933,
7937,7954

许姬传　4859,7170,7344

许季茀　3810,4070,4265

许杰　1818,2105,2108,2126,3793,3990,3991

许觉明　4110,7071,7746

许立群　4623,4655,4659,4754,4775,6000

许志行　1976,2101,2126,2210,2280,2307,2309,2310,2318,2324,2335,
2468,2469,2474,2476,2496,2498,2539,2541,2555,2583,2588,2735,
2908,3020,3065,3092,3136,3296,3762,3793,4348

薛迪昌　4483

薛晋侯　3480,3481,3499,3690,3698,3736,3760,3761,3763,3769,3938,
4064,4083

薛慕回　7383,7387,7399,7439,7820

薛庆三　2214,2309,2327,2377,2385,2391,2530,2541,2555,2667,2674,
3043,3047

Y

阎宝航　6553,6673,6760,6992,7198,7293

严大椿　2212,2257,2391,2408,2486,2502,2578,2636,2646,2690,2709, 2737,2800,2813,2892,2923,3083,3183,3617,3711,3762,4056,4118, 4425,4582,4586,4785,4992,5057,5179,5188,5322,5356,5367,5368, 5723

严迪昌　4475

严独鹤　3473,3802,6230,6235,7013

严济慈　6811

严景耀　2610,3767,4957,6230,6235,6264,6286,6368,6520,6779,6785, 6890,7007,7096,7144,7210,7240,7257,7282,7319,7321,7323,7421, 7436,7440,7456,7460,7467,7471,7475,7480,7484,7490,7492,7495, 7510,7514,7521,7524,7536,7542,7615,7617,7624,7649,7650,7653, 7659,7661,7663,7665,7667,7669,7671,7753,7768,7769,7785,8410

严良才　28,134,334,349,640,648,674,694,828,1082,1697,1790,1801, 1804,1829,1831,1833,1834,1836,1838,1845,1846,1850,1856, 1860–1864,1866,1871,1894–1896,1905,1909,1919,1922,1924,1943, 1945,1949,1950,1952,1957,1973,1984,1994,2018,2048,2050,2065, 2071,2074,2158,2162,2168,2178,2207,2210,2220,2227,2244,2263, 2307,2344,2382,2395,2401,2403,2408,2416,2417,2420,2439,2441, 2448,2459,2461,2463,2479,2490,2497,2507,2508,2511,2517,2520, 2521,2525,2526,2528–2530,2536,2537,2544,2545,2555,2557,2561, 2564,2565,2570,2573,2603,2623,2668,2709,2714,2761,2763,2765, 2768,2769,2773,2777,2778,2788,2792,2795,2814,2823,2829,2832, 2836,2844,2848,2892,2923,2931,2984,2985,3199,3392,3397,3449,

3450,3458,3526,3563,3577,3578,3581,3628,3642,3664,3698,3706,
3732,3793,3805,3850,3855,3867,3868,3886,3887,4047,4110,4269,
4272,4330,4369,5176

严幼芝　4503,7144,7259,7677,7681,7683,7685,7689,7691,7694,7696,
7699,7711,7718,7732,7740,7744,7746,7757,7759,7761,7763,7786,
7912,7933,7937,7941,7942,7949

严中平　7705,7718,7742,7750

言慧珠　3754,5090,5211,5333,6402,7244,7247,7252,7256

杨承芳　4048,4655

杨东莼　4133,4142,4143,4371,4474,6230,6239,6264,6267,6285-6287,
6317,6352,6458,6553,6673,6683,6712,6779,6926,7005,7007,7013,
7073,7087,7122,7124,7137,7146,7188,7282,7286,7319,7456,7460,
7471,7475,7480,7484,7495,7503,7510,7526,7528,7536,7542,7548,
7557,7583,7596,7598,7600,7601,7604,7611,7613,7615,7617,
7623-7625,7643,7661,7663,7665-7667,7669,7699,7703,7705,7714,
7716,7718,7721,7725,7726,7729,7730,7734,7739,7742,7744,7749,
7751,7757,7759,7761,7763,7769-7775,7777-7780,7786,7790,7791,
7797,7805,7809,7813,7815,7824,7855,7861,7863,7870,7894,7930,
7935,7941,7946,7949,8047,8258,8309

杨公度　7097

杨晦　5142,5526,5791,5851,5859,6005

杨纪珂　6819,6820,6822-6824,6828,6830,6832-6834,6838,6841,6842,
6845,6848

杨建新　6229

杨绛（季康）　5002,5014,5083,5246,5350,5381,5469,5665,5786,5850,
6112,6142,6239,6258,6341,6343,6344,6359,6362,6628,6732,6760,

7230,7295,7313,7582,7586,7713,7824,7985

杨筠如　627,949,1275

杨宽(宽正)　2630,2631,2633,2658,2659,2673,2682,2710,2713,2714,2719,2750,2780,2787,2867,2876,2878,2969,2996,2997,3008,3059,3084,3185,3286,3295,3301,3305,3315,3326,3328,3329,3340,3364,3426,3437,3458,3466,3469,3702,3708,3760,3799,4126,4176,4321,4343,4345,4385,4432,4713,5670,6307,8258

杨廉　2148,5872

杨其康　4938

杨人楩　4438,4662,4750,4753,4768,4769,5019,5263,6863

杨寿祺　425,503,877,883-885,997,1037,1038,1139,1175,1408,1494,1824,2093,2095,2153,2201,2202,2214,2216,2223,2232,2258,2385,3294

杨伟　6233

杨贤江　54,128,412,429,1289

杨向奎　3823,5701,7750,7751

杨荫浏　5114,6436,6437,6758,6913,6943,7412

杨钟健　6390,6393,6399,6754

姚从吾　3906

姚吉生　3535,3543

姚名达(达人)　774,800,826,836,887,981,1117,1123,1129,1147,1148,1150,1221,1222,1249,1251,1253,1266,1275,1296,1302,1303,1311,1326,1344,1345,1376,1377,1389,1400,1405,1413,1418-1420,1426,1435,1439,1443,1448,1454,1457,1460,1468,1469,1474,1475,1486,1489,1507,1509,1512,1545,1553,1556,1559,1560,1564-1566,1568,1571,1612,1728,1785,1942,1966-1968,2030

姚绍华　1135,3939,4410,4432,4664,4728,4744,4814,4845,5105,5194,5223,5251,5278,5281,5316,5338,5351,5408,5409,5442,5464,5570,5686-5689,5691,5698,5766,5801,5815,5837,5843,5846,5866,6130,6147,6197,6240,6288,6297,6316,6393,6394,6420,6496,6706,6707,6919,6965,6988,7148,7212,7456,8166,8401,8402,8423

姚石子　1395,1429,1980,2410-2412

叶笃义　6453,6454,6518

叶恭绰（誉虎）　129,612,1512,3437,4678,4693,4715,4725,4909,5021,5060,6287

叶蠖生　4438,4453,4478,4589,4637,4670,4674,4702,4776,4812,4910,4921,4989,4994,5076,5100,5108,5254,5317,5334,5504,5522,5601,5605,5618,5637,5674,5716,5806,5850,5860,5914,5945,5946,5964,5987,6010,6028,6701,7046,7154,7608,7815

叶纪彬　3831,3843,8132,8133,8258

叶景莘（景梓、叔衡）　6287,6403,6533,6553,6741,6746,6747,6753,6777,6793,6798,6804,6816,6839,6922,6926,7014,7024,7096,7170,7201,7274,7344,7418

叶橘泉　6233

叶企孙　6980,6985,6997

叶启芳　451,1052,1204

叶浅予　6809,7375,7376,7378,7381,7387,7389,7398,7400-7402,7516

叶瑞庆　3414-3416,3441,3442,3632

叶圣陶　1-23,25-34,36,37,40,42,44,46-52,54-56,58,59,61,63,65-68,71,74-81,83,84,86-89,91-93,97-99,101,102,104-108,110,111,113-115,117-120,122,126,129,130,132,134,136,140,141,143-145,149-152,165,166,179,180,185,198,199,204-209,211-214,

216,218,220,222-224,226-228,230-233,235-242,244,247,248,251,255,256,258-260,263,266,269-271,273-276,279,280,282-286,288,289,293-297,299-302,304,306,309,312-315,317,321-324,353,357,360,361,371,372,377-380,383-385,388,389,393,394,396-401,403,405,406,408-410,412,413,415,417,419-423,425,427,429-438,442-449,451,455-457,459,464-467,469-472,474-477,479,480,482-488,494,504,517,521-528,530-533,535-540,542,543,545-548,550-554,556-559,564-569,571,575,576,578-582,584,585,587,589,591-597,600-603,605,607-610,613-615,619,623,625,628,629,632,634,636,644,651,658,671,675,691,693,694,696-699,701,703,704,707,708,710-716,718-721,724,725,727,730-732,734-736,739,741,744-746,748-750,752,753,755,756,761-763,765,768,771,772,776,778,779,781-785,787,790,793-795,797-801,803,804,807,808,810,813,816,818,819,829,835,859,863,864,868-873,875-878,880,881,884-888,890,892-896,898-903,905,908,910,913-916,919-924,926,928,929,934,943-945,947,950,954,955,958,962,963,965,967,969,971,975,976,981,982,1008-1010,1012,1014,1015,1027,1028,1031,1033-1045,1047,1050,1052,1054,1057,1059,1060,1064-1066,1069-1072,1076,1079,1081,1082,1086,1089,1091,1098-1100,1103,1104,1106,1109,1111,1112,1115,1116,1118,1119,1123,1125,1129,1130,1132,1134-1137,1140,1141,1144,1146,1149-1152,1156,1159,1165,1171,1172,1183,1184,1200-1203,1205,1208-1210,1212-1214,1216,1221,1222,1225,1227-1234,1237-1240,1244-1248,1250-1256,1258,1260,1262,1264,1265,1268,1269,1271-1273,1277,1281,1283-1285,1287-1296,1299-1301,1303,1305,1307,1309-1311,1314,1317,1320,1323,1325,1326,1329,1331,1332,1337,1339,1341,

1345-1348,1352,1356,1357,1362,1366,1377,1389,1390,1393,1394,
1396,1398-1401,1403-1423,1425,1426,1428-1431,1433,1435-1449,
1451,1452,1454,1455,1458,1460,1464,1467-1471,1474,1475,1477,
1479-1485,1488,1490,1492,1494,1496,1498-1504,1506,1510,1511,
1516,1519,1520,1522-1524,1529,1531-1534,1536,1537,1539,1540,
1545,1568,1589,1592,1593,1595-1601,1604,1608,1610,1612,1613,
1618-1620,1622,1626,1632,1639,1640,1642,1643,1645,1646,1648,
1649,1654,1655,1657-1659,1662,1664,1665,1668,1669,1671,1672,
1674-1678,1681,1682,1686-1689,1691,1694,1696,1700,1706-1711,
1713,1715,1716,1718,1720,1722,1724-1727,1744,1745,1757,1759,
1761-1763,1768-1771,1774-1780,1783,1787,1789,1791-1794,
1796-1799,1802-1805,1813,1815,1818,1831,1834,1837,1839,
1847-1849,1860-1863,1865,1870-1872,1891,1893,1895,1898,1903,
1910-1915,1918,1924-1927,1931,1932,1934,1936,1941,1942,1946,
1947,1951,1953,1963,1964,1968,1977,1979,1985,1987-1989,1991,
1994,1997,1998,2002,2007,2008,2015,2017,2041,2042,2052-2054,
2056,2057,2062,2071,2072,2075,2080,2083,2085,2087-2089,2098,
2103,2109,2111,2116,2118,2119,2123,2125,2126,2131,2136,2142,
2148-2152,2155,2156,2160,2161,2170,2171,2174,2179,2185,2186,
2190,2193,2195,2198,2201,2202,2212,2213,2216-2218,2222,2223,
2229-2231,2233-2235,2240,2245-2247,2261,2263,2271,2286,2287,
2293,2297-2299,2301,2303,2304,2306,2308,2309,2312,2315,2316,
2318,2320-2322,2341,2346,2348,2349,2352,2354,2360,2363,2365,
2367,2373-2375,2385,2390-2393,2399,2402,2404,2410,2415,2417,
2420,2422,2423,2430,2433,2438,2441,2443,2445,2448-2450,2456,
2459,2461,2462,2466,2467,2474,2487,2488,2504,2505,2517,2519,

2540,2541,2553,2560,2561,2571,2579,2590,2604,2609,2621,2623,
2624,2631,2641,2643,2647,2649,2662,2666,2669,2674,2684,2686,
2695,2701,2702,2704,2707,2715,2718,2722,2728,2731,2737,2740,
2741,2746-2749,2751,2760,2762-2764,2766,2767,2769,2770,
2783-2785,2789,2791,2797,2798,2801,2802,2806,2809,2818,2826,
2844,2845,2860,2867,2878-2880,2885-2887,2890,2892,2898,2900,
2901,2905,2909,2911,2920,2922,2924,2936,2939,2944,2949,2952,
2959,2961,2968,2979,2983,2999,3004,3009,3014,3024,3031,3052,
3055,3057,3069,3072,3077,3080-3082,3090,3092,3097,3108,3111,
3112,3121,3134,3136,3139,3150,3154,3160,3163,3168,3188,3209,
3211,3214,3215,3220,3221,3232-3234,3236,3238,3243,3249,3252,
3257,3258,3263,3276,3288,3289,3291,3293,3298,3301,3308-3310,
3312, 3334, 3343, 3346, 3347, 3352, 3353, 3355, 3359, 3362, 3363,
3365-3367, 3370, 3371, 3375, 3377-3379, 3383, 3385, 3387, 3390,
3394-3397,3404,3405,3407,3409,3410,3412,3413,3416,3417,3419,
3421,3423,3424,3429-3433,3435,3442-3444,3446,3450,3457-3461,
3464,3465,3468,3473-3475,3483,3487,3490,3494,3501,3503,3504,
3510,3513,3516,3531,3534,3612,3706-3708,3714-3716,3719,3720,
3722,3723,3725,3733,3736,3744,3756,3761-3765,3767,3768,3770,
3771,3774-3785,3787-3790,3792-3796,3799-3809,3813,3814,3819,
3820,3822-3829,3832-3837,3839,3843,3844,3846-3848,3851,3852,
3854,3856,3858,3860,3861,3863,3866-3872,3875,3877,3879,3882,
3883,3886,3888-3890,3893,3894,3896-3901,3903,3904,3906,3907,
3911,3913-3915,3919,3920,3922-3927,3931,3932,3935,3936,3939,
3941, 3944-3946, 3950, 3953-3955, 3957, 3959, 3962, 3964, 3965,
3969-3973,3980,3981,3985,3986,3988-3990,3992,3995,3996,3999,

4000,4003,4006,4011,4014,4021,4022,4024,4028,4030,4035,4039,
4042-4044,4048,4053,4057,4059,4061-4069,4072-4074,4076,4079,
4081-4084,4086,4087,4089,4091-4093,4096,4100,4102,4103,4105,
4106,4115-4118,4121-4126,4128-4134,4137-4144,4149,4151,4152,
4159,4162,4163,4165,4171,4172,4182,4185,4187,4188,4190-4192,
4195-4197,4199-4201,4204,4205,4208,4229,4239,4276,4290,4292,
4295,4299,4326,4363,4369,4374,4375,4432,4433,4438-4440,
4445-4447,4450-4454,4456,4461-4466,4470,4477,4484,4485,4489,
4516,4518,4519,4524,4529,4532,4536,4548,4551-4553,4556,4557,
4561,4562,4567,4571,4586,4587,4589,4590,4593-4596,4598,4602,
4606,4607,4611,4613,4617,4621-4624,4630,4631,4635,4637,4644,
4651,4653,4655-4657,4661,4665,4669,4670,4674,4679,4697,4702,
4709,4717,4723,4740,4745,4746,4756,4757,4778,4785,4787,4788,
4802,4806,4807,4812,4817,4818,4847,4848,4851,4854,4857,4858,
4860,4867,4870,4877,4881,4882,4892,4896,4904,4907-4910,4916,
4919,4920,4932,4934,4939,4947,4951-4953,4957,4960,4964,4965,
4969,4989-4991,4994,5000,5006,5008,5016,5023,5024,5026,5034,
5042,5043,5060,5062,5064,5100,5107,5108,5115,5129,5140,5150,
5151,5155,5166,5168,5172,5174,5179,5180,5189,5194,5200-5202,
5209,5222,5225,5226,5229,5236-5238,5240,5248,5250,5253,5254,
5256,5257,5260,5262,5264,5265,5271,5272,5276,5287,5304,5307,
5314,5317,5334,5336,5337,5341,5352,5353,5357,5359,5371,5372,
5385,5394,5413,5421,5422,5425,5436,5442,5447,5450,5452,5455,
5458,5462,5473,5474,5477,5479,5495,5499,5500,5504,5508,5522,
5552,5568,5574,5582,5593,5598,5601,5605,5607,5612,5613,5617,
5624,5627,5637,5643,5644,5660,5661,5665,5674,5679,5683,5684,

主要人名索引

5692,5697,5707,5710,5713,5716,5723,5732,5764,5765,5768,5779,
5781,5788,5790,5806,5807,5817-5820,5837-5844,5846,5847,5850,
5860,5864,5865,5869,5870,5883,5891,5898-5900,5907,5914,5928,
5945,5946,5957,5964,5969,5971-5973,5982,5987,5988,5996,6000,
6001,6003,6005,6006,6010,6016,6019,6020,6026,6028,6044,6056,
6067-6069,6093,6097,6100,6114,6134,6140,6143,6147,6154,6158,
6159,6166,6170,6177,6186,6190,6199,6204,6205,6211,6212,6221,
6223,6224,6226,6228,6229,6231,6241,6259,6263,6264,6272,6279,
6286,6316,6324,6338-6340,6342,6351,6354,6365,6369,6379,6380,
6395,6401-6403,6405,6406,6410-6412,6421,6422,6428,6429,6433,
6436,6438,6440,6441,6448,6453,6454,6464,6490,6519,6526,6527,
6535,6553,6578,6600,6603,6617,6640,6656,6657,6661,6662,6666,
6687,6690,6699-6701,6707,6711,6712,6727,6730,6736,6739,6742,
6746,6748,6757,6808,6809,6887,6898,6901-6903,6910,6912,6915,
6922,6931,6957,6965,6970,6977,6983,6984,6994,7007,7011,7016,
7026,7032,7046,7068,7071,7095,7114,7138,7140,7154,7155,7161,
7185,7191,7194,7201,7203,7209,7233,7249,7252,7253,7256,7274,
7282,7309,7313,7335,7337,7350-7353,7356,7363,7364,7367,7373,
7406,7418,7423,7424,7429-7431,7433,7435,7436,7440,7441,7456,
7465,7466,7477,7478,7491,7498,7504,7506,7522,7526,7544,7548,
7557,7569,7571,7574,7575,7577,7581,7583,7584,7598,7606,7608,
7612,7623,7625,7633,7634,7641,7643,7653,7654,7657,7658,7671,
7677,7683,7687,7689,7697,7712,7715,7750,7753,7783,7785,7793,
7808,7815,7819,7830,7852,7860,7864,7868,7870,7881,7888,7889,
7901,7924,7925,7940,7968,7973,7982,7986,7992,8001,8007,8012,
8016,8017,8021,8024,8025,8031,8043,8047,8075-8077,8081-8083,

8087,8092,8096,8106,8115,8119,8125,8129,8131,8132,8135-8137,
8144,8145,8147,8153,8161,8164,8167,8168,8174,8176,8180-8183,
8192,8194,8201,8202,8209,8219,8228,8237,8246,8258,8269,8270,
8276,8281,8282,8286,8293,8296,8297,8308-8311,8316,8322,8324,
8329,8336,8340,8341,8345,8350-8352,8356,8362,8366,8369,8370,
8393,8395,8401,8402,8410,8422

叶水夫　5670,5774,5786,5789,5791,5827,5886,5905,5912,5913,5918,
5959,5960,5962,5984,5986,5987,5989,6015,6104-6106,6116-6118,
6149,6185,6206,6359,6414,6751,7063,7230,7257,7307,7358,7359,
7503,7655,7820,7824

叶晓翁　574,629,632,633,642,691,699,706,732,733,746,752,783,794,
796,797,807,864,900,902,903,943,949,950,958,965,985,1028,
1035-1038,1040,1043,1044,1050,1052,1065,1070,1095,1109,1115,
1121,1178,1200,1209,1254,1269,1277,1282,1301,1313,1391

叶长青　1963,1979,1980

叶兆言　8258,8270,8276,8281,8286,8308,8309,8316,8322

叶至诚　788,1229,1238,1248,1297,1708,1779,2057,2308,3760-3762,
3765,3908,3930,3952,3961,3967,4165,4994,5229,5260,5314,5317,
5605,5637,5684,5788,5799,5806,5838,5840,5841,6259,6707,6711,
7046,7138,8167,8168,8258

叶至美　571,699,772,1229,1248,1297,1779,1907,1909,1981,2057,
2195,2308,2710,4083,4092,4115,4116,4195,4215,4235,4236,4521,
4611,4674,4702,4910,4989,4994,5076,5100,5229,5254,5276,5300,
5302,5317,5334,5474,5504,5522,5601,5605,5637,5674,5684,5697,
5716,5799,5806,5842,5850,5860,5883,5907,5914,5945,5964,5987,
5996,6010,6028,6707,6711,7046,7154,7608,7815,8370

主要人名索引 8571

叶至善　84,255,533,699,772,1027,1057,1234,1348,1523,1596,1620,
1775,2553,2890,3643,3762,3765,3804,3848,3872,3887,3894,3896,
3913,3923,3926,3927,3930,3932,3951,3952,3969,3970,3981,3996,
4039,4043,4048,4069,4084,4128,4151,4159,4165,4183,4195,4200,
4215,4219,4233,4236,4250,4254,4276,4280,4282,4286,4300-4302,
4305,4307,4313,4314,4324,4326,4339,4346,4350,4352,4356,4375,
4376,4382,4395,4404-4406,4409,4426,4428,4438-4440,4442,4443,
4448,4449,4454,4458,4459,4463,4464,4466,4467,4476,4481,4487,
4489,4522,4532,4546,4548,4558,4561,4566,4600,4617,4633,4637,
4653,4656,4659,4673,4678,4698,4707,4719,4720,4732,4746,4780,
4788,4793,4800,4802,4824,4870,4871,4882,4914,4916,4921,4951,
4964,4994,5016,5026,5115,5172,5174,5180,5187,5222,5226,5229,
5260,5317,5341,5385,5436,5442,5447,5450,5455,5504,5522,5568,
5593,5617,5637,5665,5674,5684,5697,5716,5732,5790,5799,5806,
5811,5819,5820,5837,5846,5850,5860,5883,5914,5928,5945,5957,
5964,5982,5987,6010,6020,6028,6056,6097,6100,6177,6205,6211,
6227-6229,6231-6233,6236,6259,6267,6272,6286,6290,6327,6328,
6373,6379,6401,6421,6428,6433,6436,6438,6440,6441,6453,6490,
6512,6526,6553,6603,6608,6656,6691,6717,6739,6790,6808,6898,
6901,6957,6977,7007,7016,7046,7062,7096,7138,7147,7203,7209,
7249,7309,7329,7364,7414,7424,7429,7435,7436,7440,7441,7456,
7466,7478,7506,7544,7584,7598,7606,7625,7633,7634,7657,7677,
7683,7868,7973,7986,8075,8076,8119,8129,8154,8168,8181,8345,
8369,8370,8414

伊见思　4013,4459,4475,4539,4693,6350

易礼容　6368,7197

阴法鲁　5736、5863、6965

殷彦常　639、1221、1250、1540、2835

殷芝龄　406

尹达　4715、4729、5351、7030

尹介眉　273、274、484、536

尤怀皋　13、266、269、273、274

尤家骏　6233

尤樾甫　266、284、299、309、310、334—336、348、349、368

游国恩　5142、5254、5351、5670、5855、5983、6005、6399、7024、7052、7055

于强　4459、4481、4483

于省吾（思伯、新吾）　3161、7806、7812、8390

于学忠　1275、2198、2650、2681、6844、7000、7004、7097

余冠英　4938、4956、4997、5002、5014、5035、5040、5055、5069、5077、5083、
　　　　5085—5088、5129、5133、5142、5160、5163、5172、5207、5219、5234、5238、
　　　　5241、5250、5251、5254、5265、5266、5270、5272、5274、5282、5284、5299、
　　　　5302、5303、5335、5336、5338、5345、5346、5352、5354、5357、5362、5381、
　　　　5397、5412、5431、5435、5443、5448、5459、5482、5493、5494、5502、5514、
　　　　5515、5539、5547、5573、5574、5589、5609、5611、5644、5664、5677、5690、
　　　　5707、5734、5766、5787、5803、5822、5823、5830、5842、5850、5853、5859、
　　　　5864、5874、5877、5886、5906、5909—5912、5918、5944、5947、5954、5975、
　　　　5979、5983、5994、5995、5999、6005、6018、6020、6022、6023、6029、6031、
　　　　6033、6035、6038—6040、6042、6043、6045、6047、6049、6056、6072、6076、
　　　　6079、6080、6082、6085、6102、6105、6106、6108、6117、6118、6125、6126、
　　　　6130、6134、6137、6145、6147、6152、6157、6161、6165、6166、6173、6177、
　　　　6179、6200、6202、6206、6218、6222、6238—6240、6244、6257、6258、6263、
　　　　6267、6280、6291、6294、6316、6320、6321、6327、6330、6331、6337、6338、

6341-6343,6349,6355,6360,6362,6364,6369,6378,6384,6396,6403,
6404,6408,6412,6418,6429,6432,6434,6437,6458,6462,6488,6535,
6552,6579,6597,6628,6640,6663,6706,6709,6710,6730-6734,6742,
6743,6751,6766,6792,6906,6931,6933,6938,6943,6953,6960,6987,
6998,7006,7011,7014,7016-7027,7048,7049,7063,7067,7071,7118,
7132,7141,7142,7172,7180-7184,7189,7206,7210-7212,7228,7229,
7232,7235,7239,7258,7263,7266,7273,7274,7281,7283,7288,7292,
7295,7296,7299-7301,7303,7306-7310,7313,7314,7319,7322-7325,
7330,7343,7344,7350,7358,7359,7362,7370,7421,7422,7441,7447,
7449,7463,7464,7485,7486,7503-7505,7509,7525,7529,7538,7542,
7544,7547,7554,7564,7565,7568,7570,7584,7595,7599,7605,7608,
7609,7612,7627,7630,7644,7650,7657,7663,7665,7666,7670,7671,
7680,7682,7686,7688,7690,7691,7693-7695,7699,7702,7705,7706,
7713,7715,7721,7725,7726,7739,7742,7745,7747,7748,7750,7752,
7753,7757,7762,7769,7782,7783,7785,7786,7810,7821,7822,7824,
7826,7833,7836,7841,7843,7852,7869,7875,7877,7902,7903,7909,
7916,7920,7924,7929,7935,7942,7946,7948,7953,7955,7957,7961,
7962,7965,7966,7973,7980,7986,8085,8122,8387

余之介　3781,6286,6439,6440,6443,6445,6448,6449,6452,6453,6460,
　　　6516,6520,6603,6626,6646,6731,6765,6779,6817,6943,7007,7180,
　　　7240,7257,7282,7319,7435,7440,7480,7624,8057

俞寰澄　6223,6225,6228,6231,6238,6246,6274,6337,6603,6731,6839,
　　　6863,6895,6928,7043,7363,7801

俞平伯　1-3,6,7,12,14,16,18,25,30,35,46,52,56,57,66,72,83,84,
　　　87,88,92,93,96,100,126,140,141,147,150,151,158,165,169,172,
　　　192,201,225,240,267,329,334,341,342,489,596,597,600-603,610,

780,1106,1131,1292,1294,1299,1545,1591,1687,1688,1704,1732,
2201,2202,2214,2216,2232,2267,2586,3630,3772,3812,4453,4454,
4464,4465,4532,4533,4541,4547,4554,4559,4562,4563,4577,4611,
4639,4641,4643,4653,4666,4669,4700,4847,4853,4858,4903,4916,
4924,4932,4935,4937-4939,4943,4945,4946,4954-4956,4960,4961,
4963,4965,4973,4974,4995,4997,5001-5003,5014,5020,5021,5023,
5024,5028,5033,5035,5040,5051,5054,5057,5059,5060,5069,5070,
5077,5080,5083,5086,5087,5109,5114,5129,5133,5142,5149,5157,
5158,5160,5162-5165,5174,5178,5179,5181,5185,5206-5208,5218,
5227,5230,5231,5234,5238,5240,5241,5246,5247,5250,5254,5256,
5257,5262,5263,5265,5266,5270,5272,5274,5312,5328,5330,5332,
5333,5335,5336,5338,5342,5343,5345,5346,5348,5351,5352,5354,
5355,5357-5359,5368,5380,5382,5396,5397,5401,5403,5405,5412,
5431,5435,5450,5459,5462,5468,5473,5481,5482,5486,5493,5494,
5510,5511,5514,5516,5519,5525,5527,5539,5547,5549,5556,5569,
5573,5574,5581,5584,5589,5590,5597,5607,5611,5629,5636,5644,
5648,5651,5673,5689,5703,5704,5732-5734,5744,5747,5750,5752,
5758,5760-5762,5764,5768,5774,5779,5786,5787,5789,5791,5795,
5796, 5811, 5827, 5830, 5833, 5841, 5846, 5849, 5850, 5853, 5855,
5859-5861,5863,5864,5869,5871,5874,5880,5898,5918,5935,5943,
5947,5948,5952-5954,5956,5957,5960-5962,5969-5975,5977,5978,
5981,5987,5988,5990,6014,6015,6017-6019,6021-6023,6026,6028,
6029,6033-6035,6038,6039,6042-6044,6052,6056,6059,6063,6070,
6072,6076,6077,6079-6082,6085,6086,6102,6104,6107,6108,6111,
6113,6114,6116-6118,6124-6126,6129,6134,6135,6171,6173,6179,
6182,6184-6186,6188,6197,6206,6217,6220,6222-6224,6226,6230,

6244,6249,6257,6258,6263,6267,6274,6275,6280,6291,6294,6316,
6320,6327,6334,6335,6337-6339,6341,6345,6350,6354,6361,6362,
6364,6368,6378,6381,6386,6394,6396,6397,6402-6404,6408,6414,
6422,6423,6425,6430,6491,6504,6509,6549,6587,6590,6591,6597,
6598,6600,6602,6608,6628-6630,6648,6654,6656-6658,6661,6666,
6674,6686,6695,6703,6712,6714,6720,6727-6729,6731,6737,6739,
6741-6744,6746,6747,6759,6761,6764,6789-6793,6796,6798,6804,
6810-6813,6816,6818,6865,6866,6871,6879,6881,6884,6887,
6891-6894,6897-6901,6903,6905,6906,6908,6909,6912-6915,6917,
6919,6922,6924,6931,6938,6943-6945,6948,6951,6953,6957,6960,
6994,6998,7006,7008,7052,7053,7056,7063,7066,7079-7081,7089,
7098,7103,7118,7120,7128,7130,7132,7141,7149,7151,7161,7168,
7170,7172,7178,7181,7201,7202,7210,7211,7228-7230,7239,7245,
7253,7256,7274,7278,7281,7282,7295,7296,7303,7313,7319,7322,
7332,7343,7344,7346,7350,7353,7362,7363,7367,7370,7374,7407,
7412,7422,7424,7425,7447,7453,7460,7463,7465,7477,7485,7486,
7488,7504,7505,7507,7509,7525,7530,7538,7540,7543,7544,7554,
7568,7570,7581,7584,7588,7590,7599,7605,7608,7609,7611,7620,
7625,7627,7628,7630,7644,7650,7661,7663,7665-7668,7671,7680,
7684,7686,7691,7694,7695,7717,7718,7721,7725,7726,7739,7742,
7745,7747,7748,7750,7762,7763,7767,7782-7786,7789,7810,7812,
7821,7822,7826,7833,7840,7843,7851,7852,7875,7877,7895,7902,
7903,7917,7920,7924,7929,7935,7942,7946-7950,7953,7957,7962,
7965,7966,7980,7982,7985,7998,8013,8016,8017,8022,8024,8035,
8051-8053,8056,8070,8074,8075,8082,8083,8095,8110,8116,8122,
8129,8131,8146,8151,8195,8198,8202,8205,8208,8210,8213,8217,

8231,8235,8267,8269,8277,8278,8282,8290,8311,8331,8341,8350,
8352,8356,8358,8361,8365,8369,8383,8392,8404,8418,8422,8426

俞振飞 1499,1643,1774,2230,3969,3970,3994,4296,5590,5777,6402,
7218,7244,7247,7252,7256,7409,8390

虞润生 3841,3955,3998,4165

郁达夫 615

郁厚培 3557,4431,5747,7066

袁观澜 754

袁翰青 4616,4618,4620,4692,4694,4751,4814,5851,6436,6546,6700,
6998,7146,7338

袁可嘉 5905,5959,5960,6359,6628

袁绍先 594

袁同礼(守和) 27,331,344,2759,2846,2859,2865,2876,2900,2905,
2914,2916,2917,2949,2968,3057,3059,3062,3081,3084,3182,3199,
3202,3205,3208,3213,3221,3259,3266,3291,3305,3306,3318,3330,
3331,3371,3951

袁西江 3393,3397,3400,3401,3405,3422

恽功甫 6804

Z

载涛 6287,6352,6403,6713,6731,6777,6795,6926,7052,7062,7074,
7170,7188

曾次亮 5247,6147,6965

曾慕韩 236,799,2513,3693

曾昭抡 4997,7018,7019,8296

曾仲鸣 1717,1847,1992,2148,2149,2664,2665

主要人名索引

查阜西　5869,6388,6390,6393,6436,6446,6448,6450,6603,6704,6731,6757,6813,6921,7329,7363,7753

詹念祖（聿修）　624,639,692,720,721,945,984,1044,1094,1148,1178,1179,1186,1221,1423,1424,1449,1454,1460,1467,1482,1484-1492,1494,1495,1507,1513,1515,1527,1535,1547,1552-1561,1566,1568-1572,1590,1721-1723,1728-1735,1737,1869,1870,1875-1880,1895,1898,1899,1916,1917,1961,1975,1995,1996,2013,2015,2022,2039,2075,2096,2309,2316,2435,2437,2465,2470,2480,2484,2526,2555,2635,2670,2685,2731,2822,2823,3002,3071,3075,3106,3117,3224,3290,3298,3314,3318,3322-3324,3326,3330,3364,3378,3410,3431,3464,3468,3504,3588,3742,3799,3822,3847,4173,4222,4299,4501,4508,4658,4662,4938,4939,5231,5354,6988,7012

詹沛霖　2058,2283,2511,2566,2686,2691,2692,2782,2836,2965,3020,3039,3148,3253,3289,3301,3303,3309,3319,3336,3366,3484,3498,3750,3775,3783,3900,3903,4027,4048,4057,4087,4093,4194,4220,4221,4224,4250,4255,4279,4284,4307,4314,4492,4498-4500,4505,4515,4516,4532,4540,4547,4558,4587,4588,4618,4649,4659,4678,4707,4740,4746,4788,4914,4951,4995,5012,5187,5188,5213,5745,5814,7911

张伯山　6080,6145,6458,7063,7258,7282,7441,7591,7696,7706,7739,7806,7985,8422

张长弓　3145,3256

张充和　3994

张纯嘉　2375,2377,2401,2412,2419,2435,2444,2453,2501,2506,2918,2943,3058,3085,3088,3109,3112,3122,3146,3170,3301,3328,3337,3365,3399,3521,3547,3592,3739,3802,3804,3809,3820,3832,3855,

3859,3861,3864,3872,3879,3887,3891,3895,3909,3915,3920,3924,
3926,3942,3943,3946,3950,3956,3963,3970,3973,3974,3988,4000,
4001,4005,4010-4013,4019,4046,4049,4051,4067,4075,4077,4078,
4086,4093,4094,4096-4098,4100,4101,4105,4107,4110,4114,4117,
4120,4145,4157-4160,4163,4168,4177,4178,4190,4202,4205,4211,
4219-4221,4224,4228,4233,4235,4240,4244,4254,4257,4259,4260,
4263,4271,4276,4277,4307,4309,4314,4342,4344,4346,4352,4356,
4358,4370,4373,4398,4410,4415,4446,4448,4457,4470,4475,4484,
4490,4493-4495,4498,4503,4506,4508,4514,4527,4529,4534,4536,
4537,4541,4546,4558,4570,4577,4580,4614,4618,4619,4622,4626,
4627,4643,4644,4660,4662,4663,4668,4680,4681,4688,4695,4759,
6974,8092

张凤举　3703

张国淦（乾若）　1939,3454,3917,3985,4410,6258

张珩（葱玉）　3740,3984,4483,4590,4613,5021,6321,6695,6700,6704,
7354,7486

张慧珠　5665,5834,5869-5871,5888,5901,5963,5973,5978,5980,5981,
5983,5986,5988,5991,5994,5995,5998,6014,6018,6019,6021-6023,
6026,6027,6033,6037,6040,6042,6049,6050,6052,6056,6057,6071,
6072,6075,6079,6085,6102,6104,6111,6112,6125,6128,6129,6145,
6152,6162,6164,6183,6190,6192,6227,6240,6242,6337,6341,6386,
6410,6425,6489,6616,6640,6655,6669,6674,6767,6796,6816,6818,
6931,6950,7038,7132,7483,7504,7840

张纪元　1713,6263,6264,6272,6286,6393,6394,6399,6414,6703,6704,
6761,6779,6890,7013,7073,7097,7240,7282,7309,7319,7365,7421,
7429,7436,7440,7441,7444,7456,7460,7468,7476,7490,7528,7537,

7570,7575,7598,7606,7611,7622,7624,7634,7656,7671,7674,
7676-7678,7681-7683,7685,7687,7689,7691,7694,7696,7698,7699,
7708,7711,7718,7724,7731,7732,7739,7741,7744,7746,7749,7750,
7757-7759,7761,7763,7767,7769,7770,7782,7783,7786,7868,7870,
7965,8410

张絜如　2380,2391-2393,2397,2406,2429,2629,2667,2701,3065,3092,
3285,3286,3289,3379,7880,7883

张景明(剑秋)　11,40,47,60,88,94,110,153,154,156,157,160-164,
167,168,170,171,174,176,177,203,265,314,326,328,330,333,336,
338,339,341-346,351,376,436,442,465,467,473,488,489,491,492,
494,495,497,501,503-506,551,552,555,556,558,574,586,631,650,
653-655,657,659,662,663,665-668,670,672,673,677,679,712,782,
785,789,819,820,823-825,828,832-835,887,888,912,956,1004,
1057,1058,1072,1091,1107,1130,1132,1133,1146,1157,1161,1172,
1236,1259,1260,1262-1264,1273,1339,1340,1342,1363,1364,1369,
1374,1378,1386,1390,1391,1394,1396-1398,1410,1411,1413-1419,
1421-1425,1428,1433,1435,1441,1444,1454,1461,1467,1472,1492,
1509,1537,1546,1549,1565,1609,1611,1640,1641,1650,1657,1659,
1667,1677,1690,1700,1703,1708,1724,1734,1736,1769,1782,1784,
1790,1850,1856-1858,1863,1865,2624

张静庐　4059,4238,4438,4444,4463,4465,4477,4695,4722,4747,
4750-4752,4860,4868,4953,5019,5067,5148,5179,5180,5188,5236,
5261,5314,5371,5374,5388,5418,5593,5633,5684,5686,5819,5820,
5826,5863,6017,6160,6161,6189,6202,6709,6807,6867,6875,6965,
6987,7065,7087,7165,7458,7729,7797,7798,7818

张绷伯　6223,6228,6285,6553,6603,6630,6703,6731,6755,6763,6764,

6785,6803,6811,6863,6869,6879,6881,6894,6895,6898,6906,6913,
6917,6919,6921,6924,6927,6928,6940,6950,6951,6954,6956,6959,
7005,7013,7077,7085,7366

张克明　2447,2453,2461,2475,2478,2506

张励生　7003

张明养　1599,4139,4140,4234-4237,4250,4255,4284,4289,4306,4314,
4323,4326,4328,4330,4351,4374,4389,4458,4470,4472,4476,4486,
4591,4597,4653,4655,4722,4801,4802,5236,6230,6286,6317,6327,
6328,6336,6639,6718,6898,6901,7095,7209,7240,7259,7309,7319,
7372,7379,7381,7383,7384,7393,7394,7397,7398,7400,7436,7444,
7460,7484,7557,7770

张屏翰　3922,4396,4556

张庆孚　6966,6975-6977,6979,6982,6985,6996,7000,7003,7366

张若谷　372,384,398,411,443,452,459,471,476,481,484,488,614,625,
878,3229,3240

张善若　6433

张世禄(福崇)　759,949,1016,1041,1042,1044,1100,1111,1147,1148,
1199,1201,1207,1221,1222,1272-1275,1288,1345,1390,1392,1400,
1412,1421,1423,1424,1426,1427,1437,1451,1464,1467,1469,1474,
1475,1481,1486,1487,1494,1495,1501,1509,1511,1524,1526,1545,
1550-1553,1556,1558-1560,1563,1564,1566-1568,1571,1631,1637,
1640,1647,1653,1654,1675,1723,1729-1731,1735-1737,1781,1792,
1801,1826,1833,1875,1876,1878,1879,1895,2085,2099,2175,2225,
2356,2410,2417,2437,2575,2603,2604,2609,2623,2627,2668,2804,
3343,3897,4738,4806,7720,7779

张书铭　6249,6294,6317,6332,6349,6417,6418,6462,6494,6640,6677,

6706,6767,6985,7071,7132,7181,7221,7258,7343,7443,7449,7462,
7504,7509,7529,7587,7655,7685,7696,7716,7739,7756,7868,7902,
7903,7909,7948,7954,7997

张叔愚　952,1124,1134,1141,1215,1245,1293,1396,2084,2086,2101

张舜徽　7334,7498,7534,7536

张铁生　6791,6801,6865,6905,6933,6943,6953,6960,6998,7006,7172,
7189,7239,7253,7453,7625

张铁弦　6321

张同光　1098,1475,1767,1848,1895,1898,1929,1936,1951-1953,1956,
1977,1978,2068,2069,2095,2103,2154,2241,3747,3749,3753,3754,
3756-3758,3761,3762,3764,3900,3932,3934,3935,3949,4151,4492,
8081,8087,8091

张惟骧(季易)　3096,3139,3152,3154,3155,3170,3212,3215,3245,
3246,3259,3260,3293,3295,3298,3299,3301,3366,3441,3620,3904

张无垢　3839,3887,3900,3916,3935,3951,3952,3962,3970,3974,4009,
4012,4021,4069,4081,4105,4456,5813,5814

张锡厚　7284-7286,7464,7485,7525,7554,7953,7965,7989

张锡彤　7793,7800,7805,7807,7809,7813,7855,7861

张雄飞　3525,3526,3546,3557,3795,3832,3922,3977

张元济(菊生)　884,2982,3174,4627,6066

张咏霓　1967,3550

张友鸾　7071

张允和　4640,4641,4649,4660,4661,4665,4697,4699,4700,4704,4709,
4734,4738-4740,4742-4745,4747,4754,4765,4768,4770,4807,4853,
5709,5811,5828,5839,5850,5860,5869,6059,6994,7031,7128,7274,
7465

张兆和　4661

张政烺　6713,6733,6795

张芝联　2979,3447,3448,3476,3477,3494,3502,3509,3544,3551,3553,
3558,3616

张志公　4541,4558,4588,4659,4678,4697,4740,4746,4832,4833,4862,
4865,4868,4869,4873,4882,4884,4892,4904,4907,4910,4914,4916,
4919,4928,4934,4950,4951,4964,4995,5017,5165,5187,5213,5251,
5287,5812,5815,5971,6010,6281,6420,7309,7424,7490,7623,7685,
7689,7694,7711,7732,7757,7763,7786,7809,7813,7831,7834,7936,
7941

张志让　4139

张子鸿　3502,3557

张梓生　242,1371,1522,1534,1572,1600,1637,1666,1690,1765,1767,
1779,1789,1790,1807,1817,1878,1918,1952,1995,2040,2046,2102,
2114,2132,2135-2137,2141,2157,2189,2195,2288,2323,2414,3972,
3973,3997,4025,4027,4083,4084,4183,4226,4281,4361,4373,4427,
4432,4435,4437,4438,4440,4450,4451,4517,4526,4593,4732,4746,
4785,5240,5257,5271,5410,5445,5458,5508,5592

章靳以　2416,2492,3808,4042,4521

章君畴(君宙)　45,65,72-75,77,121,154-156,168,189,216,218,222,
227,230,240,266,269-271,273-275,277,326,331,332,344,346,354,
480,482-484,487,536,540,551,555,575,576,650,653,654,656,658,
659,662,665-668,671,676,716,804,819,895,912,1054,1055,1059,
1084,1092,1109,1119,1131,1146,1153,1154,1156-1163,1166,1167,
1170-1172,1174,1176,1205,1213,1214,1217,1237,1263,1267,1277,
1303,1350-1354,1360-1362,1364,1418,1437,1446,1449,1550-1552,

1554,1563,1564,1566,1567,2354,2453,2480,2481,2494,2528,2532,
2597-2600,2605,2624,2660,2686,2693,2706,2707,2709,2714,2893,
3329,3456,3469,3559,3560,3570,3571,3573,4019,4029,4211,4220,
4224,4232,4241,4254,4269,4277,4284,4285,4292,4293,4296,4313,
4327,4330,4343,4351,4352,4362,4372,4376,4378,4384,4394,4397,
4401,4404,4406,4407,4413,4423,4490,4501,4513,4519,4529,4536,
4551,4558,4568,4601,4603,4608,4612,4627,4631,4633,4637,4644,
4647,4649,4660,4662,4663,4667,4675,4685,4688,4698,4727,4732,
4734-4736,4738,4748,4774,4778,4782,4891,4896,4961,4965,4998,
5001,5013,5102,5157,5158,5164,5166,5307,5395,5466,5475,5476,
5587,5591,5736,5738,5828,5829,5856,6046,6053,6086,6154,6157,
6205,6208,6210,6226,6242,6310-6312,6314,6536,6538,6566,6567,
6593,6597,7025,7035,7883

章君度　2865

章克标　1338,1347,2108,2530

章良(子玉)　3,6,9,10,12-16,18,20-22,24,27,28,36,37,40,43,49,
52,57-60,62,67,69-71,74,80-82,89,95,97,100,103,105,108,126,
133,135,136,138,140,144,173,174,194,203,215-217,221,243,281,
282,287,288,301,304,306-308,311,314,315,317,320,321,323,324,
342,348,371,418,430,436,462,470,473,488,491,493,494,500-504,
506,534,547,574,645,650,653,654,662,663,666,667,672,673,675,
689,696,712,751-753,755,756,758,760,761,764-766,769,771,773,
774,789,794,803,809,819,820,824-828,833-836,843,848,857,892,
899,905,910,911,932,936,938,948-950,964,973,976,977,982,
986-999,1001-1006,1020,1041,1048,1062,1092,1101,1135,1151,
1153-1155,1157-1159,1162,1164,1166,1168-1172,1175,1200,1201,

1212,1247,1255,1280,1281,1283,1304,1351,1352,1355,1361-1363,
1366,1372,1393,1409,1411,1437,1446,1472,1474,1476,1527,1534,
1548-1550,1553,1554,1556,1558,1560-1564,1566,1572,1725,1726,
1728,1732,1734,1738,1811,1812,1876,1880,1997,2010,2019,2020,
3383,4718,4815

章乃器　2163,6809,6976

章士敏　2195,2209,2812,2846,3717,3719,3720,3722,3723,3729,3730,
3738,3745,3758-3760,3765,3766,3770,3786,3805,3808,3810,3812,
3814,3820,3832,3833,4014,4021,4025,4029,4057,4059,4060,4072,
4106,4110,4113,4120,4164,4255,4375,4483,4528,4901,5665

章士信　2920,3188,3845,3857,3864,3866,3869,3870,3873-3875,
3891-3896,3906,3943,3958,3964,3966,3973,3975,3988,4020,4024,
4027,4046,4048,4053,4056,4066,4075,4105,4205,4311,4363,4406,
4465,4467,4471,4485,4993,5370,5416,6660,6661

章士敫（达先）　1777,1787,1789,1793,1794,1801,1820,1829,1843,
1906,1914,1942,1953,1973,1977,2002,2009,2020,2042,2054,2065,
2070,2072,2073,2078,2080,2081,2097,2101,2103,2117,2120,2123,
2126,2139,2178,2208,2209,2225,2226,2229,2231,2235,2236,2238,
2243,2269,2285,2292,2293,2299,2315,2317,2319,2327,2334,2336,
2348,2372,2377,2383,2387,2389,2392,2394,2396-2398,2400-2402,
2413,2416,2419,2420,2423,2427,2432,2433,2444,2463,2482,2483,
2492,2493,2498,2502,2513,2514,2534,2676,2685,2721,2739,2756,
2768,2782,2794,2801,2812,2813,2819,2825,2826,2832,2848,2875,
2881,2903,2939,2951,2961,2967,2992,3013,3021,3025,3026,3045,
3048,3059,3078,3107,3112,3115,3116,3118,3134-3137,3151,3166,
3174,3268,3303,3311,3314,3320,3329,3332,3357,3370,3384,3400,

3418,3438,3480,3563,3701,3705,3708,3709,3711,3715,3722,3725,
3741,3745,3746,3757,3761－3766,3768,3769,3770,3772,3773,
3775－3778,3781－3786,3789,3790,3794－3796,3799,3800,3802,3805,
3807,3808,3814,3815,3818－3820,3827－3833,3835,3839,3840,3845,
3847,3848,3850,3851,3853,3854,3859,3860,3862,3863,3869,
3871－3873,3876,3877,3879－3881,3884,3886,3887,3890,3891,
3894－3897,3899,3906－3908,3901,3903,3904,3909,3910,3911,3916,
3917,3920－3923,3926,3927,3930,3935－3938,3940,3941,3943,3950,
3952－3955,3957,3959－3961,3963,3971－3975,3977,3980,3984－3991,
3996,3997,4006,4012,4013,4015－4017,4021,4022,4025－4028,4071,
4072,4076－4079,4081,4083－4087,4090,4112,4163,4179－4188,4190,
4192,4196－4201,4204,4209,4211,4217,4223,4226,4238,4335,4338,
4349,4350,4351－4363,4357,4373－4378,4382,4385,4388,4390,4393,
4396,4424,4427,4435－4437,4444,4463－4465,4468,4475－4480,
4482－4487,4489,4501,4502,4515,4517－4520,4522－4525,4527－4530,
4532－4534,4536,4537,4539－4542,4544－－4558,4561－4565,4567－4574,
4576,4578,4582,4583,4586,4588,4592－4598,4603,4604,4608－4610,
4613,4614,4618－4621,4624,4625,4629,4631－4633,4636,4638－4642,
4601,4603,4648,4652－4657,4661,4662,4676,4683,4685－4687,4689,
4690,4693－4695,4698－4700,4706,4708,4712,4713,4737,4738,
4740－4743,4750,4752,4754,4755,4761－4763,4766,4768－4770,4775,
4783,4785－4787,4791－4793,4798,4801,4803,4804,4809,4810,4818,
4820－4824,4826,4829－4832,4834,4836,4838,4839,4841,4843,
4849－4851,4858,4861－4863,4866,4876,4877,4881－4883,4885,4888,
4894,4898,4900－4902,4916,4931,4944,4947－4949,4953,4954,4957,
4960,4967,4973,4976,4977,4980,4989,4993,4995,4997,5001,5004,

5005,5010,5012,5013,5021,5022,5024,5026,5027,5030,5033,5034,
5037-5040,5042,5044-5046,5052,5053,5056,5057,5060,5061,5067,
5069-5071,5073-5075,5079,5086,5088,5092,5095,5096,5100,5105,
5107,5108,5111,5113,5114,5124,5127,5128,5130,5131,5133-5138,
5140,5141,5143,5145-5148,5151,5152,5154-5157,5159,5161-5163,
5166,5168,5171,5172,5174,5176,5182,5186,5187,5189,5194,5197,
5202,5204-5206,5215,5220,5221,5224,5225,5227,5228,5230,5232,
5236,5242,5244,5257,5270,5274,5278,5279,5282,5283,5286,5287,
5290,5291,5294,5297-5299,5302-5304,5306-5313,5315,5318,5319,
5321-5323,5329,5332,5333,5335,5337,5340,5345,5346,5351,5354,
5361,5364,5366,5368,5370,5371,5377,5381,5385,5386,5388,5390,
5393,5394,5397-5399,5402,5406,5409-5411,5415,5417,5420-5422,
5426-5429,5436,5438,5439,5441-5449,5454-5457,5460,5466,5470,
5476,5477,5481,5483,5484,5490,5492,5494-5496,5501-5503,5511,
5515,5518,5522,5527,5536-5541,5593,5598,5632,5642,5643,5653,
5661,5667,5670,5674,5689,5703,5706,5708,5713,5716,5718,5719,
5721,5725,5733,5734,5737,5740,5745,5749,5750,5756,5769,5770,
5772,5773,5775,5778,5789,5791,5803,5806,5809,5810,5815,5818,
5838,5839,5842,5846,5850,5855,5859,5865,5867,5875,5883,5886,
5887,5889,5891,5897,5934,5953,5956,5960,5961,5967,5969,
5971-5973,5979,5987,5990,6012,6013,6015,6016,6021,6022,6030,
6037,6038,6065,6277,6321,6369,6765,6783,6385,6661,6664-6666,
6668,6670,6675,6681-6683,6696,6705,6789,6791,6793,6896,6907,
6937,7037-7039,7041,7042,7044,7154,7488,7490,7491,7494-7496,
7657,7866,7867,7869,7870,7872-7875,7955,8086,8088,8121,8132,
8186,8197,8227-8238,8240,8310,8343,8417,8427,8430

章士钊(行严) 280,290,387,2411,2420,2426,2429,2450,2703,2745,
3226,4759,4935,6006,6020,6287,6352,6532,6533,6927,8058,8080
章廷谦(矛尘) 6388,6390,6393,6689,6694,6695,6700,6704,6718,
6779,6890,6898,6941,7095,7122,7144,7151,7319,7440,7456,7598,
7623,7676,7678,7681,7682,7687,7689,7691,7692,7694-7696,7699,
7700,7711,7715,7737,7739,7741,7744,7746,7757,7759,7761,7763,
7770,7786,7797,7800,7805,7809,7813,7815,7855,7860,7861,7863
章锡琛(雪村) 34,261,322,369,373,385,397,425,429,437,440,443,
447,449,459,462,466,469,471,475,476,481,493,502,525,526,536,
537,548,566,572,573,575,576,578,587,591,594,597,602,606-608,
614,617,620,626,628,636,694,703,705,708,715,716,718,720,727,
732,739,744-746,750,766,772,780,793,794,813,858,859,863,886,
893,925,946,1006,1029,1052,1056,1060,1061,1067,1069,1081,1084,
1086,1096,1098,1104,1109,1113,1136,1221,1246,1290,1296,1325,
1326,1332,1339,1347,1398,1399,1404,1405,1407,1420,1421,1423,
1424,1428,1430,1431,1433-1435,1437,1440-1442,1446,1451,
1453-1455,1457,1462,1466-1470,1475,1477,1480,1483,1485,1490,
1497,1498,1500-1504,1508,1513,1519,1520,1522-1526,1531-1533,
1538,1545,1592,1594,1597,1607,1608,1612,1613,1615,1618,1620,
1631,1640-1643,1645,1652,1654,1655,1657,1658,1662,1663,1665,
1667,1668,1671,1678,1685-1687,1690,1691,1696,1708,1709,1711,
1716,1725,1726,1735,1753,1757,1761,1763,1764,1767-1770,1772,
1774,1775,1777,1779,1780,1787,1789,1790,1792-1800,1802-1806,
1811-1815,1817-1820,1825,1829,1831,1837,1839,1840,1843,
1846-1849,1853,1855,1856,1861,1865-1868,1871,1872,1893,1895,
1898-1901,1903-1906,1908-1912,1914,1915,1918-1920,1923-1926,

1928,1929,1931,1932,1934 - 1936,1938 - 1940,1942,1945 - 1949,
1951-1953,1955,1958,1963,1964,1970,1972,1973,1975,1977,1978,
1982,1984,1989,1992,1994-2000,2002-2004,2006-2015,2017-2020,
2037,2040,2042-2045,2048,2049,2052,2054,2056-2062,2065,2070,
2072-2076,2079-2082,2084,2085,2087-2090,2092,2094,2095,2097,
2099,2101-2108,2110,2111,2113,2115-2117,2119,2121,2123-2125,
2127-2134,2137-2140,2143-2151,2153,2154,2156-2162,2165-2169,
2171,2173 - 2179,2195,2196,2198,2201,2203,2205 - 2207,2210,
2212-2215,2219-2221,2223,2225-2227,2229-2231,2233-2235,2238,
2240,2244 - 2246,2248,2249,2251,2256 - 2259,2261 - 2263,2277,
2279-2284,2286,2287,2290-2293,2295-2298,2300,2306,2308,2310,
2312,2314-2318,2320-2322,2346,2348,2349,2351,2363-2365,2371,
2374-2393,2395-2403,2405,2406,2408-2418,2420,2421,2423,2429,
2430,2435,2437-2439,2441,2443-2450,2452-2457,2459,2461,2463,
2464, 2469, 2471, 2474, 2476, 2478, 2479, 2481 - 2485, 2487, 2488,
2490-2492,2494,2496-2499,2502,2504,2506,2507,2511,2512,2514,
2515,2517-2522,2525,2527-2533,2537,2538,2540-2544,2548-2551,
2554-2558,2561,2562,2567,2571,2575,2580-2582,2584,2590,2591,
2593,2598,2599,2603-2605,2607,2609-2612,2615-2619,2621-2623,
2626-2629,2634,2636,2642,2644,2646,2651,2652,2656-2658,2660,
2667-2674,2676,2678,2680-2684,2686,2690,2693,2695,2696,2700,
2701, 2703, 2704, 2706, 2710 - 2714, 2717 - 2720, 2722, 2723, 2726,
2728-2732,2738-2741,2747-2750,2752,2754-2756,2758,2760,2761,
2764,2767,2768,2771,2776,2778,2779,2785,2787,2799,2807,2812,
2818,2819,2823,2824,2826,2828-2834,2836,2838,2841-2844,2846,
2848,2849,2852,2855,2858,2863,2864,2867,2868,2874,2875,2880,

2883,2885,2886,2888-2890,2894,2897,2899,2900,2902-2907,2909,
2911,2913,2917-2919,2921,2922,2926-2931,2936,2939,2943,2944,
2946,2947,2949,2953,2956,2962,2964,2965,2971,2973,2974,2976,
2980,2982,2983,2987,2998,3007,3009,3012,3013,3019,3020,3024,
3029,3032,3042,3047,3050,3051,3054-3056,3058-3062,3065,3067,
3068,3072-3074,3076,3077,3082,3087,3090,3092,3096,3097,3102,
3106-3108,3110,3116,3118,3122,3125,3127-3129,3134-3136,
3138-3140,3150,3154,3159,3164,3172,3173,3175,3179-3181,3184,
3187,3196,3201,3202,3212,3214,3221,3223,3238,3241,3248,
3250-3253,3256,3263,3267,3268,3277,3280-3283,3285-3302,
3304-3310,3312-3314,3317-3319,3321,3322,3324-3326,3328-3333,
3335,3338-3340,3343-3346,3348,3350,3358-3363,3366,3368,3369,
3373-3375,3377-3379,3381,3382,3384-3427,3431,3433,3435-3438,
3442,3444-3449,3452,3456,3458,3460-3463,3465-3469,3472-3477,
3480,3482-3486,3488,3489,3491-3496,3500-3503,3506-3508,3510,
3512-3514,3516,3518-3520,3524-3526,3529,3530,3532-3535,3537,
3539,3542,3543,3545,3548,3549,3551-3559,3561-3576,3578,3579,
3581,3583,3585,3591-3594,3596,3598,3599,3601,3602,3604-3609,
3613,3615-3619,3621-3624,3626,3630,3631,3633-3635,3637-3642,
3644-3646,3648-3653,3655,3656,3658,3661,3663-3666,3669-3676,
3678,3680-3683,3685-3706,3708-3711,3713-3722,3724-3736,
3738-3747,3749-3758,3760-3762,3772,3775-3777,3779,3781-3787,
3789-3792,3795,3797-3800,3805,3807,3810-3812,3816,3817,3822,
3825-3829,3831-3840,3845-3848,3850,3851,3854,3856,3858,
3860-3863,3866,3868-3872,3874,3878,3881-3897,3900-3909,3911,
3916-3925,3929-3931,3950,3959,3963-3966,3968-3973,3975,3976,

3978,3980-3985,3988-3990,3992-3994,3996,3997,3999-4008,
4011-4013,4016,4017,4021,4023,4024,4026-4030,4033,4037-4042,
4044-4046,4048,4053,4056-4058,4062,4065-4068,4070,4071,4077,
4081,4083,4084,4087,4089,4093,4095,4096,4100-4102,4105,
4110-4112,4114,4117,4120,4123-4127,4133,4136,4138-4144,4147,
4157,4161,4163,4164,4166,4176,4177,4179,4180,4182,4184,4186,
4187,4190-4195,4197,4201,4202,4205,4206,4208,4210,4211,4213,
4220,4221,4223,4224,4228-4238,4240-4245,4247,4250,4254,4255,
4257,4264,4266,4267,4270,4271,4274,4279,4283,4287,4291-4294,
4300-4305,4307-4313,4317,4324,4338,4345,4369,4371,4425,4438,
4442,4444,4445,4449-4451,4453,4457,4459,4462,4463,4465-4467,
4471,4475,4478,4482,4488,4517,4521,4524,4528,4531,4534,4536,
4540,4541,4545,4547,4552,4563,4587-4590,4594-4596,4602,4606,
4618,4622,4631,4633,4654,4655,4667,4670,4671,4681,4686,4689,
4693,4697,4705,4706,4711,4714,4716,4722,4755,4759,4763,4769,
4771,4773,4785,4787,4791,4798,4802,4809,4824,4826,4833,4834,
4843,4847,4849,4855,4859,4862,4872,4883,4888,4893,4898,4901,
4917,4932,4936,4947,4948,4954,4958,4963,4969,4973,4980,4993,
4995,5010,5012,5021,5023-5027,5033,5037,5055,5056,5061,5063,
5064,5084,5091,5098-5100,5105,5111,5127,5131,5136-5138,5148,
5151,5154,5155,5159,5172-5174,5181,5189,5194,5200-5203,5205,
5206,5209,5212,5225,5229,5232,5240,5250,5257,5271,5276,5284,
5287,5297,5299,5300,5302,5304,5305,5307,5312,5328,5329,
5332-5334,5337,5341,5343,5352,5359,5367,5370,5371,5373,5374,
5377,5378,5388,5405,5410,5420,5425,5426,5428,5436,5439,
5441-5445,5447,5449-5452,5454,5455,5458,5460,5476,5477,5496,

5499,5508,5513,5520,5527,5538,5542,5543,5548,5556,5569,5592,
5595,5597,5601,5617,5646,5665,5669,5670,5678,5679,5684-5686,
5688,5705,5708,5716-5719,5721,5732,5740,5749,5750,5759,5760,
5765,5770,5772,5773,5778,5792,5796,5797,5799,5815,5818-5820,
5826,5828,5837,5838,5846-5848,5850,5854,5857,5859,5860,5863,
5865,5876,5877,5882,5885,5886,5889,6017,6032,6033,6080,6081,
6088,6096,6108,6110,6121,6147,6187,6210,6211,6224,6225,6246,
6253-6255,6261,6274,6289,6313,6338,6369,6370,6397,6401,6402,
6418,6420,6421,6456,6464,6488,6494,6503,6508,6514,6515,6518,
6523,6540,6580,6615,6623,6643,6661,6677,6678,6680,6682,6696,
6701,6705,6709,6710,6729,6766,6777,6788,6850,6853,6854,6863,
6870,6896,6897,6907,6918,6937,6961,6963,6986,6987,7033,7034,
7063-7065,7075,7078,7102,7106,7118,7154,7168,7182,7192,7212,
7273,7275,7277,7302,7304,7309,7320,7423,7424,7433,7456,7467,
7478,7479,7496,7569,7636,7656,7677,7797,7844,7859,7860,7862,
7869,7886,7889,7925,7930,7932,7934,7952,8430

章锡珊(雪山)　620,1407,1413,1417,1446,1592,1640,1641,1665,1667,
1674,1686,1691,1696,1708,1725,1753,1761,1769,1774,1779,1780,
1790,1792-1794,1801,1805,1806,1808,1810,1818,1819,1829,1831,
1839,1845,1847-1849,1855,1859,1888,1898,1899,1902,1903,1910,
1918,1924,1925,1929-1932,1936,1941,1951,1953,1954,1957,1958,
1964,1973-1975,1978,1980,1984,1989,1992,1994,2013,2020,2042,
2044,2057,2062,2070,2071,2087,2089,2092,2107,2111,2132,2136,
2145,2146,2148,2149,2153,2167,2205,2206,2215,2221,2259,2260,
2262,2273,2277,2279,2281-2284,2286,2300,2303,2315,2317,2319,
2325,2329-2336,2338,2339,2342,2343,2346,2347,2350-2352,2364,

2377,2378,2381,2385,2387,2390-2393,2396,2397,2402,2406,2408,
2409,2418,2419,2424,2443,2445,2467,2476,2479,2485,2487,2488,
2495,2496,2499,2501-2504,2508,2517,2523,2525,2529,2531,2543,
2547,2574,2605,2689,2717,2803,2838,2842,2852,2854,2858,2863,
2865,2866,2869,2873,2914,2933,3042,3139,3177,3200,3282,3289,
3303,3314,3318,3359,3363,3373,3385,3391,3400-3404,3406,3407,
3416,3419-3421,3443,3444,3457,3465,3473,3479,3481,3498,3514,
3516,3682,3701,3721-3723,3725,3727,3732,3733,3737,3745,3751,
3752,3756,3757,3773,3797,3839,3840,3842,3845,3847,3856,3860,
3861,3871,3888,3890,3892,3893,3895-3897,3900,3902-3904,3906,
3911,3922,3924,3925,3929-3931,3935,3938,3943,3945,3950,3954,
3956,3959,3969-3973,3985,3987,3990,3991,3996,4007,4008,4017,
4021,4022,4028-4030,4032,4033,4037,4042,4046,4058-4060,4065,
4066,4068,4069,4071,4084,4110,4113,4115,4117-4120,4124-4126,
4137,4144,4173,4177,4182,4183,4192,4195,4197,4201,4202,4204,
4218,4221,4223-4225,4228,4231,4233,4240,4242,4244,4245,4254,
4269-4271,4279,4283,4287,4291,4292,4295,4300,4304,4310,4312,
4330,4333,4342,4344,4346,4350-4352,4370,4371,4376,4379,4383,
4390,4395,4396,4402,4405,4406,4421-4423,4425,4429,4432,4433,
4435,4436,4463,4465,4466,4468,4471,4476,4481,4483-4485,4487,
4488,4520,4521,4524-4526,4528,4529,4534,4535,4538,4539,4541,
4542,4545,4546,4548,4549,4553,4555,4556,4558,4559,4562,4570,
4585-4589,4592,4594,4595,4597-4601,4603,4609,4610,4618-4620,
4624,4626,4633,4638,4639,4641,4645,4647,4649,4650,4652,
4654-4658,4664,4666,4668,4671-4673,4675,4678,4680,4685,4686,
4690,4692,4694,4716,4750,4791,4794,4800,4804,4809,4823,4836,

4838,4849,4862,4863,4883,4894,4902,4940,4993,5200-5202,5416,
5425,5428,5436,5439,5442-5444,5450-5452,5856,8138

章锡瀛(涤生)　　1975,2082,2113,2284,2292,2335,2336,2342,2350,
2377,2443,2444,2488,2818,2838,2855,2907,2908,3951,4007,4008,
4067

章锡洲(雪舟)　　1955,2002,2058,2135-2137,2189,2198,2231,2410,
2430,2438,2444,2452,2457,2477,2478,2502,2508,2536,3052,3104,
3188,3192,3213,3215,3220,3229,3234,3238,3243,3253,3258,3263,
3273,3278,3305,3308,3329,3343,3379,3922,3943,3963-3967,
3974-3977,4011-4013,4021,4022,4025,4062,4158,4241,4396,4450,
4469,4472,4474,4476,4477,4485,4487,4494,4553,4555,4558,4559,
4564,4565,4576,4579,4588,4589,4592,4593,4597,4598,4601,4603,
4604,4607,4609,4619,4624,4656,4714,4724,4728,4770,4778,4838,
4903,4904,4919,5194,5209,5257,5371,5799,6709,7304,7339,7456,
7459,7496,7860,7869,7886,7889,7952

章育文(守宪)　　1794,1797,1805,1806,1964,1992,1994,2003,2092,
2132,2148,2153,2197,2262,2284,2298,2337,2346,2374,2377,2379,
2393,2406,2408,2419,2433,2446,2569,2605,2668,2714,2725,2894,
2897,2899,2901,2909,2910,2920,2973,3048,3066,3067,3106,3135,
3245,3281,3305,3307,3331,3362,3385,3401,3402,3415,3437,3454,
3462,3492,3531,3532,3551,3606,3617,3638,3651,3667,3682,3685,
3695,3697,3715,3723,3725,3727,3731,3743,3749,3752,3788,3790,
3795,3802,3804,3805,3828,3832,3834,3849,3860,3871,3894,3903,
3927,3938,3984,4006,4008,4017,4027,4032,4042,4066,4087,4089,
4090,4093,4095,4101,4102,4117-4120,4122,4125,4129,4133,
4136-4138,4150,4151,4158,4161,4177,4180,4206,4210,4225,4245,

4270,4294,4309,4312,4430,4492,4836,5023-5027,5200-5207,6253,
6254

章元善 1439,1454,2433,2886,2901,3020,3720,3980,3981,4460,4851,
4935,4960,5172,5587,5811,5838,5839,5842,5846,5860,5869,5990,
6199,6222,6247,6250,6255,6345,6355,6356,6376,6399,6555-6564,
6566,6568-6574,6576,6639,6642,6648,6654,6656,6659,6661,6666,
6701,6707,6727,6731,6736,6739,6741,6746,6752,6781,6798,6814,
6887,6892,6898,6901,6903,6906,6912,6915,6917,6921,6922,6957,
6960,6994,6996,7000,7003,7004,7026,7052,7055,7056,7058,7065,
7096,7116,7120,7123,7125,7128,7130,7134,7140,7142,7151,7154,
7161,7170,7171,7178,7182,7183,7188,7197,7201,7245,7256,7274,
7281,7313,7353,7367,7415,7424,7434,7437,7444,7465,7471,7482,
7547,7572,7579,7584,7608,7645,7715,7719,7743,7759,7783,7868,
7874,7884,8079,8093,8123,8129,8202,8217,8325,8369,8371,8378

赵 诚 6627,8018,8384

赵涵川 956,1597

赵鹤亭 7678,7691,7694,7696,7699,7711,7757,7759,7761,7763,7770,
7805,7807,7809,7813,7815,7831,7834,7855,7902,7912

赵厚斋 56,434,1526,1745,2232,2233,2263,2409,2437,2443,2487,
2488,2495,2530,2544,2598,2599,2621,2622,2714,2715,2797,2943,
3060,3784,3787

赵季林 1805,1855,1856,1865,1866,1906,1955,1958

赵家璧 2945,3011,3121,3164,3216,3304,3308,3372,3374,3821,4042,
4516,4529

赵剑秋 15

赵景深 388,536,591,597,608,628,636,710,711,714,721,727,732,746,

750,753,772,785,787,790,793,861,878,896,908,919,931,955,967,
969,975,977,1024,1031,1034,1041,1054,1060,1064,1065,1069,1089,
1104,1113,1125,1134,1140,1182,1272,1296,1307,1310,1531,1548,
1620,1681,3325,3762,3969,3970,3994,4099,7424

赵九章 6364,6758

赵亮伯 2739

赵朴初 6286,6598,6779,6780,7013,7080,7081,7170,7298,7414,7436,
7437,7575,7911,8016

赵泉澄 2812,2864,2879,2899,2907,2915,2956,2963,2969,2973,2976,
2979,2988,3010,3014-3016,3022,3024,3051,3063,3074,3084,3104,
3133,3138,3140,3150,3227,3270,3315,3412,3461,3869,4213

赵世兰 6229,7018,7021,7023,7198,7410

赵树理 4746,6960

赵万里(斐云) 1285,1293,1546,1833,1961,2759,2762,2764,2768,
2778,2800,2812,2829,2846,2881,2939,2945,2953,2969,2980,3181,
3183-3186,3189,3199,3201,3202,3205,3208,3210,3213,3216,3217,
3266,3273,3283,3330,3505-3507,3519,3982-3985,3987-3990,4003,
4375,4376,4385,4386,4414,4434,4437,4441,4446,4458,4464,4465,
4560,4693,4909,5060,5613,5671,5753,5907,5983,5986,5999,6005,
6017,6020,6275,6306,6308,6309,6331,6350,6424,6433,6601,6700,
6704,6733,6750,6805,7019,7065,7074,7116,7120,7128,7130,7140,
7161,7168,7170,7178,7184,7245,7250,7256,7319,7344,7353,7368,
7473,7548,7596,7743,7790,7836,7931

赵肖甫 1424,2741,2825,2826,3084,3109,3228,3250,3404,3438

赵晓恩 3785,3929,4747

赵洵 7189

赵幼文　6380,6416

赵宗燠　6233,6979,6980

郑洞国　6232,6563,6567,6960,6977,6979,6980,7363,7372,7385,7395,
8047

郑鹤声　761,787,901,920,1280,1290,5955

郑焕卿　1901

郑森禹　3731,3740,3846,3881,4442,4456,4653,4654,4686

郑天挺（毅生）　4525,4529,4540,4553,4560,4658,4659,4662,4663,
4673,4674,4678,4680,4682,4688,4689,4693,4714,4725,4729,4741,
4909,7860

郑晓沧　1992,1994,2112,7013

郑效洵　6689,7145,7257,7259,7262,7319,7440,7537,7733

郑云龄（梦九）　15,30,91,94,107,117,120,124,126,135,142,147,
150-152,155,158-162,165,166,169,171,172,174-178,197,199,213,
223,226,227,265,268,295,298,304,311,314,318,321,326-329,331,
334-338,340,341,343,344,348,350-352,355,356,363,396,421,422,
428,451,452,456,457,472,477,489-491,493-497,499,500,502,
504-506,517,518,522,523,597,601,602,605,606,608,610-612,616,
620,622,624-627,629-631,633,634,646,647,649,651,655-661,663,
668-674,683,684,687,714,719,727,733,740,758,759,773-775,777,
781,782,786,787,789,800,819-825,828-835,848,850,853,860,868,
890,905-908,913,920,921,932,937,947,948,952,955-957,970,977,
978,980,982,985-1006,1022,1030,1032,1072-1075,1092,1095,1130,
1131,1133,1135,1138,1146,1150-1163,1165-1169,1171-1175,1194,
1259,1350,1353,1360,1363,1396,1413,1432,1549,1551,1552,
1562-1564,1604,1605,1634,1644,1709,1728-1730,1732,1734,1735,

1738,2136,2182,2251-2253,2668,2671,2673,2677,2679,2681,2683,
2691,2705,2763,2781,2782,2801,2817,2831,2832,2837,2843,2845,
2847,2865,2867-2869,2872,2874,2881,2884,2886-2888,2891,2894,
2895,2905,2916,2920,2933,2938,2940,3001,3004,3082,3252,3258,
3264,3291,3466,3469,3520,3770,3779,3905,3925,3931,4325

郑贞文(心南) 50,185,285,584,864,1201,1202,1208,1210,1214,1215,
1226,1238,1262,1263,1265,1345,1405,1437,1448,1464,1478,1534,
1547,1557,1589,1590,1727,1951,2544,3228,3230

郑振铎(西谛) 1,2,4,8,16,20-23,25,29,33-35,37,40,44,46,47,50,
53,54,57,58,68,69,74,75,83,84,88,89,91,93,97,98,102,103,105,
114,122,128-130,132,134,136,137,141,142,158,186,194-196,198,
206,213,218,219,221,223,226-228,231,233,234,239-242,245,
247-249,251,255-261,263,266,271,273,275,278,283-285,292,295,
296,300-302,304,313,317,321,322,324,372-374,380,381,384-386,
388,392-394,396-399,401,403-413,415,417-421,423,425,427-430,
432,434-438,444,447-450,452,457,459,462,464,466,469,471,
474-477,479-484,486-488,492,501,521-526,528,530-532,535-539,
543,546,548,558,564,566-568,577,580,606,609,624,628,653,655,
656,658,660,667,668,671,678,692,694,706,721,748-750,755,756,
776,777,781,784,787,792-794,798,799,805,813,819,820,827,828,
859,861,863-865,867,869,872,873,875,876,878,880,881,884,886,
888,890-893,896-900,908-910,913,915,917,921,925,934,946,
950-952,955,959,960,962,965,967,969,971,975,976,980,981,983,
985,1017,1025,1028,1030,1031,1033-1036,1038,1039,1041,1042,
1044,1047,1052-1055,1059,1060,1065,1067-1069,1074,1078,1079,
1082,1083,1086,1089,1092,1100,1101,1107-1110,1113,1115,1117,

1120,1122,1124,1125,1127,1128,1131,1132,1134－1137,1141,
1143－1147,1149,1150,1158,1162,1163,1166,1170,1171,1193,
1199－1203,1205－1210,1212－1215,1218,1222,1224,1226,1227,1229,
1230,1232,1236,1238,1239,1245,1246,1248－1251,1254,1256,1257,
1260,1262,1263,1265,1266,1268,1271,1272,1275,1276,1278,1281,
1284,1285,1290,1293－1296,1305,1309,1326,1336,1337,1342,1345,
1352,1357－1359,1367－1369,1392,1395－1398,1401,1403,1405,1408,
1414,1416,1420,1429－1433,1435,1449,1460,1467,1468,1480,1509,
1545,1549－1551,1554－1557,1562－1565,1567,1568,1570,1571,1589,
1591,1595,1597－1599,1612,1620－1622,1653,1681－1683,1729,1730,
1736,1738,1763－1765,1812,1836,1837,1839,1851,1860－1862,1866,
1876,1880,1895,1896,1900,1903,1904,1908,1910,1912－1915,
1920－1922,1936,1942,1944－1946,1953－1955,1960,1961,1966－1968,
1970,1971,1975,1976,1981,1989,1993,1994,1996,2003,2007,2013,
2017,2022,2034,2042,2047,2049,2051,2057,2062,2064,2072,2080,
2084,2086,2095,2096,2101,2105,2108,2121,2125,2126,2132,2139,
2147－2149,2175,2203,2213,2225,2227,2230,2257,2258,2263,2282,
2290,2327,2329,2336,2338,2339,2341,2347,2348,2352,2374,2375,
2377,2381,2389,2392,2399,2408,2410－2412,2416,2419,2432,2433,
2446,2456,2457,2459,2463,2465,2471,2472,2479－2481,2484－2486,
2490,2492－2495,2499,2508,2522,2530,2531,2534,2540,2543,2546,
2555,2572,2575,2587,2591,2599,2610,2612,2617,2623,2627,2638,
2651,2667,2668,2672,2677,2682,2686,2688,2693,2710,2714,2728,
2731,2764,2774,2778,2785,2786,2790,2794,2795,2797,2802,2806,
2815,2823,2830,2844－2846,2867,2880,2881,2911,2917,2925,
2935－2937,2944,2945,2955,2956,2960,2965,2975,2976,2978,2980,

主要人名索引　　8599

2982,2998,3009,3011,3012,3014,3015,3024,3029,3032,3043,
3050-3052,3069,3074,3082,3087,3089,3093,3096,3106,3107,3110,
3121,3129,3144,3145,3148-3150,3152,3153,3157,3159-3166,3171,
3175,3177,3179-3181,3183,3184,3204,3205,3214-3216,3233,3260,
3261,3264,3281-3283,3285,3288,3291,3292,3298-3300,3304-3306,
3308,3311,3312,3314,3316,3321,3322,3325,3326,3328-3336,3338,
3340,3344-3346,3348-3351,3353,3355,3357-3359,3361-3363,3365,
3367-3369,3371-3375,3377-3379,3381,3384-3386,3388-3412,
3415-3431,3433-3435,3437,3438,3441-3443,3445-3451,3453,
3455-3462,3465-3479,3482,3483,3485,3489,3494,3496,3497,
3499-3503,3505-3508,3510,3513-3517,3519,3520,3524-3526,3529,
3530,3533,3535-3538,3541,3542,3544,3545,3547,3551,3554,3557,
3558,3561,3568,3569,3572,3573,3575,3576,3578,3581,3583,3585,
3588,3589,3591,3594,3596,3600,3603,3604,3606-3608,3610,3617,
3619-3621,3624,3628,3629,3634,3637,3641,3645,3646,3650-3652,
3654,3655,3657,3663,3668,3670,3672,3673,3679,3689,3692,3693,
3695,3696,3698,3701,3703-3705,3708,3712-3715,3718-3720,3729,
3731,3737-3740,3743,3744,3746,3751,3752,3754,3759,3762,3767,
3771,3776,3778,3780,3782,3785,3786,3789,3791,3793,3798,3802,
3806,3812,3813,3819,3821,3822,3824,3826-3829,3832,3836,3840,
3843,3845,3847,3848,3852-3854,3858,3861,3864,3871-3874,3878,
3881,3884-3887,3889,3890,3892,3893,3897,3901,3903-3908,
3910-3912,3914-3916,3919,3920,3925-3927,3930,3935,3942,3944,
3954,3957,3966,3970-3972,3978,3982-3985,3987,3988,3990,3991,
3994-3996,4006,4010,4011,4025,4026,4028-4031,4035,4039,4042,
4044,4046-4049,4055,4059,4061,4066,4067,4074,4076,4082-4084,

4089,4092,4093,4096,4100,4109,4110,4116,4118,4120,4126,4127,
4131,4133,4138,4143,4150,4152,4162,4175,4178,4179,4182,
4188-4191,4194,4195,4201,4202,4204-4206,4208-4212,4216,4217,
4220-4224,4229,4233,4290,4292,4299,4320,4334,4359,4369-4371,
4373,4374,4376,4382,4383,4385,4387-4389,4392,4396,4398,4401,
4406,4411,4414,4415,4421,4437,4438,4441,4445,4453,4459,4463,
4465-4467,4482,4483,4488,4492,4495,4528,4540,4541,4543,4547,
4548,4552,4553,4557,4559,4582,4590,4595,4596,4602,4607,4609,
4610,4613,4618,4632,4643,4650,4661,4665,4669-4671,4688,4690,
4691,4693,4711,4715,4716,4719,4788,4791,4804,4809,4810,4817,
4881,4883,4909,4911,4914,4919,4920,4926,4930,4932,4935-4939,
4953,4955-4957,4960,4969,4971,4977,4980,4995-4997,5001,5002,
5006,5008,5011,5014,5018,5019,5021,5023-5025,5028,5033,5035,
5040,5056,5057,5060,5062-5064,5073,5076,5077,5080,5083,5086,
5088,5105,5107,5108,5125,5129,5132,5137,5138,5142,5162,5163,
5165,5174,5200,5228,5237,5238,5246-5249,5254,5261,5270,5282,
5287-5289,5302,5303,5319,5324,5336,5354,5355,5446,5499,5500,
5589,5660,5670,5720,5723,5724,5740,5743,5777,5789,5811,5827,
5838,5843,5844,5850,5859,5870,5905,5951,5960,5970,5971,5978,
5979,5983,5986,5987,5999-6001,6005,6012,6017,6020,6026,6034,
6042,6052,6056,6059,6072,6076,6079,6094,6125-6127,6134-6136,
6138-6143,6152,6289,6320-6322,6336,6349-6351,6517,6622,6636,
6921,7002,7131,7210,7220,7229,7292,7409,7488,7515,7618,7644,
7646-7648,7652,7654,8272

钟伯庸　1901

钟达轩　3283,3287,3306,3430,3433,3435,3501-3503,3508,3510,3515,

3519,3561,3563,3569,3622,3629,3630,3664,3670,3700,3709,3716,
3722,3724,3725,3732,3739,3745,3746,3752,3757-3761,3769,3779,
3782,3825,3870-3873,3890-3894,3926,3944,3993,3996,4014,
4020-4022,4025,4040,4041,4043,4067,4091,4117,4176,4177,4180,
4182,4184,4186-4188,4207,4209,4228,4229,4233,4239,4252,4257,
4272,4344,4346,4350,4358,4362,4363,4369,4370,4376,4382,4388,
4396,4412,4425,4427,4469,4471,4473,4477,4478,4485,4498,4549,
4553,4555,4559,4973,4977,5838

钟灵秀　1726

仲秋元　4539

周昌寿(颂久)　584,1208,1210,1238,1262,1263,1280,1345,1366,1405,
1409,1437,1448,1464,1465,1482,1546,1555,1567,1803,1951,2132,
2956,2975,2998,3012,3029,3046,3107,3129,3159,3177,3297,3488,
3557,3576,3631,3718,3738,3753,3807,3990,3991,4396,4627

周而复　6285

周淦卿　1347,1682,1787,2095,2227,3059,3092,3154,3263,3438,3822

周谷城　2583,2635,2639,2664,2668,2711,2717,2724,2731,2738,2740,
2742,2750,2784,2790,3848,3890,3898,3910,4259,4261,4270,4299,
4323,4364,4410,4411,4425,4432,4440,4504,5287,5316,5457,5463,
5464,5468,5857,6005,6062,6306-6308,6975,6988

周海婴　6719,7077

周家凤　3922,4025,4041,4124,4433,4559

周嘉彬　6555,6563,6971,6979,6980,6982,7385,7395,7482,7767

周建人　322,412,5594,6230,7013,7633,7641,7643

周菊亭　3955

周莲轩　470,793,1250,3313,3525,4431,4946,5321,7081,7140,7145,

7251

周妙中 5234,5238,5246,5250,5270-5272,5335,5348,5353,5355,5357,
5397,5407,5412,5428,5435,5459,5573,5665,5690,5795,5827,5846,
5859,5874,5943,6018,6022,6024,6029,6033,6035,6038,6039,6042,
6049,6134,6157,6165,6173,6185,6258,6263,6267,6280,6291,6297,
6300,6320,6327,6341,6364,6403,6404,6408,6425,6427,6938,7106,
7186,7245,7344,7421,7477,7493,7497-7499,7749

周培源 7358,7488,8047

周士观 6777,6966,6973,7080,7097,7170,7433,7437

周瘦鹃 2486,3728,5028,6230,6235,7013

周索非 447,703,727,794,1407,1523,1713,1757,1770,1778,1807,1855,
1893,1898,1903,1934,2037,2042,2044,2046,2049,2089,2136,2151,
2179,2210,2231,2261,2262,2282,2284,2287,2292,2293,2295,2309,
2316,2317,2324,2326,2327,2330,2338-2340,2342,2351,2377,2382,
2386,2389,2391,2392,2396,2401,2402,2409,2413,2432,2443,2445,
2462,2485,2487,2488,2496,2504,2518,2527,2532,2541,2562,2593,
2616-2618,2641,2651,2664,2668,2674,2682,2692,2695,2711,2739,
2775,2782,2798,2815,2819,2836,2842,2899,2902,2905,2925,2929,
2936,2992,2993,3020,3024,3036,3057,3059,3123,3125,3127,3128,
3132,3136,3166,3168,3180,3187,3196,3248,3280,3289,3292,3296,
3297,3306,3309,3313,3317,3319,3323,3325-3327,3336,3356,3363,
3374,3378,3381,3382,3385,3387,3388,3392,3402,3444,3448,3451,
3473,3475,3480,3489-3491,3501,3502,3511,3513,3514,3525,3533,
3537,3539,3540,3546,3549,3553-3557,3559,3561,3564,3565,
3567-3574,3579,3581,3589,3591,3596,3597,3599-3605,3608,3609,
3611,3615,3618,3621,3632-3634,3638,3639,3644,3648,3653,3660,

3661,3666,3670,3675,3676,3679,3680,3682-3685,3688,3692,3698,
3715,3719,3721,3724,3725,3728,3732,3734,3738,3739,3743-3745,
3747,3752,3753,3755-3758,3764,3783,3807,3810,3811,3818,3831,
3835,3876,3887,3888,3934

周太玄　6236

周为群　433,501,543,1711,2179,2349,2388,2402,2598,3768,3769,
3773,3779

周熙和　4017,4075,4433

周新民　5446,6943,6953,6998,7118,7138,7174,7477,7486,7625,7650,
7666,7705,7718,7742,7750

周亚卫　5856,6251,6256,6458,6718,6773,6803,6926-6928,7001,7055,
7261,7415

周扬　4997,5036,5127,5338,5349,5774,5924,6005,6220,6351,6425,
6426,6458,6519,6653,6672,6767,6779,6818,7014,7063,7229,7287,
7343,7429,7430,7432,7440,7552,7554,7696,7699,7745,7840,7963,
7968,7970,7971

周一良　5352,5914

周有光　5850,5851,5869,6339,7372

周予同　13,28,29,33,37,44,48,50,54,74,84,93,99,129,141,223,236,
238,241,283,295,299,302,322,372,396-398,406,411,412,425,429,
430,435,443,444,449,452,457,459,465,466,476,479-481,484,486,
512,522,525,526,528,532,535,536,538,543,566-569,575,576,578,
581,582,584,587,591,594,596,597,600,608,613,614,625,628,634,
636,694,703,708,714,715,718,719,721,727,736,739,740,743,745,
746,748-750,753,755,756,767,772,784,785,787,793,794,798,816,
858-862,864,869,871-879,881,883,885,886,888,891,893,895,896,

899,900,903,908,909,911,913,915,919,920,922,923,929,944,950,955,956,962—964,967,969,981,1014,1023,1029—1031,1033,1038,1041,1044,1051,1052,1064,1065,1068,1069,1074,1078,1081,1086,1087,1089,1096,1098,1100,1104,1108,1109,1115,1117,1127,1128,1132,1134,1135,1137,1143,1149,1164,1193,1194,1201—1203,1205—1208,1210,1212,1214,1215,1226,1227,1229,1230,1232,1237,1238,1245,1254,1256,1257,1262,1263,1266,1271,1272,1275,1278,1280,1290,1293—1296,1308,1310,1317,1326,1328,1332,1339,1345,1347,1352,1366,1372,1373,1395,1403,1404,1416,1422,1424,1425,1428,1447,1454,1466—1468,1473—1475,1477,1480,1497,1498,1513,1521,1534,1547,1551,1553,1555—1557,1560,1567,1568,1571,1589,1591,1598—1600,1654,1675,1677,1678,1786,1806,1807,1818,1836,1837,1858,1875,1878,1879,1894,1926,1929,1967—1971,1981,1993,1994,1996,2000,2007,2017,2021,2022,2046—2049,2064,2080,2082,2084,2086,2095,2096,2099,2101,2105,2108,2121,2126,2132,2147—2149,2175,2195,2203,2214,2230,2248,2250,2256—2258,2282,2283,2301,2308,2309,2338,2375,2377,2381,2390,2392,2394,2399,2401,2406,2408,2418,2423,2433,2440,2446,2456,2485,2488,2490—2493,2511,2530,2557,2569,2583,2590,2591,2598,2627,2640,2682,2693,2710,2729,2741,2778,2786—2788,2797,2804,2806,2813,2815,2823,2841,2842,2845,2867,2903,2904,2909,2911,2917,2918,2937,2945,2956,2957,2960,2965,2967,2969,2975,2980,2998,2999,3007,3011,3012,3014,3018,3024,3029,3032,3052,3062,3067,3071,3087,3089,3093,3107,3121,3129,3131,3159,3162,3164—3166,3177,3190,3196,3202,3205,3208,3210,3214,3216,3251,3257,3261,3264,3281,3283,3285,3289,3290,3296,3297,3299,3300,3304,3307,3315,

主要人名索引

3317,3320,3324,3326,3328,3331,3336,3340,3349,3351,3353,3362,
3369,3371-3373,3377,3378,3381,3382,3384,3385,3389-3391,3393,
3394,3396-3399,3401-3412,3414-3418,3422,3425,3427-3429,3431,
3433-3435,3437-3439,3441-3447,3450,3452,3455,3456,3459,3460,
3462,3467-3469,3473-3475,3477,3485,3486,3489-3492,3494,3496,
3497,3500-3503,3507,3510,3513,3516,3520,3525,3529,3534,3542,
3544,3546,3554,3555,3561,3569,3573,3581,3583,3585,3591,3596,
3599,3606,3608,3610,3611,3613,3619,3621,3622,3629,3631-3633,
3637,3638,3642,3646,3650,3655,3658,3662,3663,3665-3668,3670,
3671,3674,3675,3680,3682,3687,3689-3693,3695-3697,3700-3705,
3710,3712,3713,3715,3718-3720,3722,3725,3727-3731,3737-3747,
3749-3759,3761-3765,3767,3770,3775,3776,3779,3781,3782,3784,
3786-3793,3796,3798,3799,3802,3803,3805-3809,3813,3814,3819,
3820,3822-3825,3827-3830,3832-3840,3842-3847,3850,3851,
3853-3858,3860,3861,3863,3866,3867,3869-3874,3876-3879,
3881-3884,3886,3888-3890,3892,3903-3908,3910-3917,3919,3920,
3923,3926,3928,3931,3934-3936,3941,3942,3944-3946,3950,
3952-3954,3957-3959,3961,3963-3965,3969,3971-3974,3977,3978,
3983-3985,3988,3989,3995,3997-3999,4003,4006,4011-4013,4016,
4017,4019,4020,4022-4027,4029,4030,4032,4035,4037,4038,
4042-4044,4047-4049,4051,4053,4055,4057,4058,4061,4064-4067,
4069,4073-4075,4082-4084,4086-4089,4092-4096,4100,4102,4103,
4105,4109-4111,4114,4116,4117,4120,4123,4124,4126,4128,4129,
4131-4133,4136-4141,4143,4144,4149,4152,4153,4157,4159,4160,
4166,4179-4181,4183,4191,4192,4194,4195,4197,4201-4203,4205,
4220-4222,4224-4229,4231,4233-4235,4237,4239-4242,4244,4245,

4247,4248,4253—4257,4259,4261—4267,4269—4274,4278—4281,4283,
4284,4287—4295,4298—4302,4304,4305,4307—4313,4317,4320,4322,
4323,4326,4327,4333,4334,4339,4340,4348,4350,4351,4353,4354,
4356—4358,4360,4361,4363—4366,4368,4370—4374,4376,4377,4379,
4380,4382,4387—4391,4393—4396,4400,4402,4403,4405,4406,
4408—4412,4414,4416—4418,4421—4423,4425,4427—4430,4432,4433,
4435,4436,4454,4455,4460,4461,4463,4466,4468,4491—4496,
4498—4505,4508—4512,4514,4525,4541,4545,4547,4552,4555,4557,
4559,4560,4562,4563,4568,4571,4577,4590—4592,4594—4597,4599,
4603,4604,4608,4612,4614,4615,4621,4624,4626,4627,4632,4633,
4639,4641,4651,4653—4655,4658,4662,4663,4665,4668—4672,4676,
4677,4679—4681,4683,4684,4688,4697,4698,4702—4704,4719,4725,
4726,4732,4736,4739,4740,4746—4748,4753,4756,4757,4760,4761,
4765,4767,4780,4796,4799—4801,4823,4943,4961,4963—4966,4969,
4980,4988,4989,5006,5106—5108,5284,5287—5289,5436,5452,5454,
5618,5711,5855,5857,6006,6139,6256,6306—6308,6587,6969,6970,
6973,6984,6988,7002,7004,7406,7636

周云青　1873,7065
周振甫　1692,1693,1765—1768,1849,1898,1932,1933,1940,1985,1990,
1993,2017,2064,2084,2200,2262,2273,2282,2283,2285,2286,2288,
2291,2293,2297,2479,2482,2489,2495,2503,2595,2647,2671,2676,
2685,2703,2706,2712,2778,2782,2810,2811,2815,2823,2825,2831,
2842,2851,2880,3012,3020,3039,3144,3149,3203,3214,3222,3238,
3277,3279,3309,3311,3312,3331,3339—3341,3344,3347,3350,3368,
3369,3376,3379,3380,3384,3416,3451,3453,3458,3484,3495,3498,
3503,3513,3543,3561,3562,3571,3575,3591,3599,3634,3637,3665,

3666,3670,3674,3681,3685,3688,3690,3694,3711,3716,3720,3725,
3740,3741,3760,3763,3770,3774,3778,3796,3801,3870,3898,3899,
3928,3953,3967,3970,3980,3981,4039,4043,4064,4084,4134,4211,
4216,4220,4221,4223,4245,4255,4306-4308,4333,4352,4379,4382,
4492,4493,4498,4502,4560,4574,4575,4586,4590,4591,4672,4678,
4679,4684,4688,4692,4697,4702,4704,4711,4721,4722,4724,4731,
4738,4740,4746,4752,4754,4755,4758,4759,4791,4882,4888,4903,
4926,4927,4946,4964,4965,4972,4995,5011,5012,5017,5021,5026,
5037,5038,5060,5062-5065,5072,5073,5082,5090,5092,5100,5107,
5133,5143,5146,5174,5180,5188,5213,5235,5260,5264,5285,5348,
5369,5370,5402,5410,5442,5449,5464,5470,5513,5543,5592,5595,
5606,5652,5655,5659,5719,5745,5750,5754,5759,5760,5778,5801,
5819-5822,5836,5843,5844,5846,5855,5878,5895,5903,5926,5927,
5956,6009,6033,6097,6110,6137,6174,6185,6202,6287,6406,6407,
6412,6418,6548,6549,6629,6665,6751,6987,7092,7131,7135,7181,
7201,7212,7332,7333,7456,7587,7657,7803,7869,7879,7933,7964,
7999,8029,8092,8097,8098,8107,8110,8129,8149,8159,8162,8166,
8170,8276,8278,8333,8343,8374,8380,8382,8405

周之栋(由厓)　413,1087,1140,1295,1299,1417,1428,1433,1435,1527,
　　1546,1706,1867,2007,2091,2199,4217,4416

周之彦(越然)　510,1087,1140,1276,1277,1285,1293,1295,1299,1304,
　　1317,1326-1328,1384,1396,1397,1424,1426,1428,1430,1433,1435,
　　1436,1448,1473,1526,1527,1546,1598,1683,1711,1867,2007,2091,
　　2153,2199,2200,2244,2379,2395,2422,2660,3019,3141,3174,3303,
　　3631

周祖谟　6297,6299,6546,7256

朱达君 1847,1865,1931,1992,1994,2013,2038,2148,2153,2377,2418,
2446,2569,2688,2725,2894,2896,2973,3020,3106,3109,3281,3331,
3353,3362,3384,3385,3389,3401,3402,3410,3415,3437,3440,3442,
3444-3446,3448,3450,3454,3462,3466,3471,3477,3486,3489,3531,
3534,3606,3701,3709,3710,3713-3715,3717,3722,3724-3726,3728,
3731,3734,3739,3741,3743,3745,3749,3751-3753,3755-3759,
3761-3765,3771,3775,3776,3781,3785,3787,3789,3790,3794-3797,
3799,3803-3805,3807,3808,3814,3819,3820,3825-3827,3829,3832,
3834,3837,3839,3841,3843,3847,3848,3850,3851,3854-3858,3860,
3862,3863,3866,3868-3872,3874,3875,3877-3879,3881,3883-3890,
3892-3897,3899-3901,3903-3907,3910,3911,3913,3914,3916,3920,
3922,3923,3926,3928,3931,3934-3936,3940-3943,3945,3950,
3953-3955,3957-3959,3962-3966,3968,3969,3971-3974,3977-3981,
3988,3990,3993,3994,3998-4001,4003,4011,4021,4022,4024,4026,
4029,4030,4032,4033,4038,4039,4042,4044,4045,4053,4057,
4061-4066,4069,4071,4072,4076-4080,4083,4084,4086,4087,4093,
4100,4103,4105,4111,4120,4124,4125,4131,4132,4137,4138,4149,
4159-4161,4172,4177,4183-4185,4187,4190-4193,4196,4197,4201,
4207,4208,4210,4221,4224,4233,4239,4240,4244,4245,4252,4254,
4255,4257,4259,4261-4263,4265-4267,4269-4274,4277-4279,4281,
4283,4284,4288,4290,4292-4295,4300-4302,4304,4309,4310,4312,
4313,4317,4333,4340,4342,4346,4362,4374,4376,4379,4382,4390,
4393,4395,4396,4398,4402,4405,4406,4408,4414,4415,4421,4422,
4424,4425,4427,4429,4432,4435,4436,4445,4446,4467,4468,4470,
4472,4473,4475-4478,4482,4483,4485,4487-4489,4492,4495,4496,
4498-4502,4504,4505,4508,4510,4526,4542,4587,4589,4590,4676,

4708,4791

朱澹如　560,570,664

朱东润　3077,3097,3132,3138,3147,3254,3272,3377,3383,3409,3573,
3574,3726,3746,3753,3757,3769,3773,3783,3804,3816-3818,4643,
4644,4647,4649,4667,4669-4671,5900

朱菱阳　93,157,172,328,467,494,503,599,624,656,658,1139,1541,
2738,3075

朱公垂　241,1409,1416,1417,1419,1430,1435,1445,1448,1450,1451,
1473,7140,7145

朱光潜(孟实)　242,1625,1637,1675,1682,4820,6249,6267,6432,6433,
6438,6447,6455,7052,7482,8399

朱家桢　8117,8274

朱子如　1866,1893,1898,1903,1906,1972,1994,1996,2008,2037,2050,
2060,2089,2093,2112,2129,2153,2195,2244,2250,2254,2262,2273,
2292,2296,2300,2314,2315,2327,2330,2337,2344,2349,2368,2377,
2383,2385,2449,2474,2476,2496,2502,2541,2555,2739,2843,2860,
2866,2881,2890,2965,2992,2993,2995,3010,3021,3136,3140,3150,
3196,3204,3280,3281,3296,3318,3356,3368,3374,3381,3393,3400,
3412,3413,3437,3450,3462-3464,3471,3477,3488,3491,3503,3509,
3514,3519,3560,3561,3564,3579,3587,3591,3597,3599,3608,3611,
3630,3634,3658,3666,3670,3676,3680,3681,3685,3687,3697,3715,
3720,3724,3725,3728,3734,3739,3743,3758-3760,3765,3785,3787,
3789,3794,3797,3804,3819,3827,3838,3857,3863,3870-3873,3892,
3895,3897,3899,3934,3938,3946-3949,3956,3961,3962,3976,4014,
4017,4022,4025,4087,4111,4119,4120,4205,4311,4360,4361,4363,
4405,4406,4433,4434,4467,4472,4476,4485,4498,4549,4555,4558

朱经农　1,11,13,14,28,29,44,59,67,68,92,95,108,144,149,187,205,
　　　　206,236,270,399,438,441,547,618,654,736,1156,1364,1554,1567,
　　　　3805,4627,7833
朱启钤（桂莘）　4935,6403,6777,6940
朱士嘉　5105
朱诵盘　3557
朱通舟　1409,1417,1435,1445,1448,1451,1473
朱慰元　120,322,523,606,607,777,784,924,965,1054,1118,1119,1276,
　　　　1413,1560,1571,1578,1608,1671,1910,2059,2420,2453,2455,2456,
　　　　2480-2482,2517,2530,2538,2624,2642,2720,2787,2794,2795,2797,
　　　　2807,2814,2815,2818,2829,2853,2855,2856,2861,3008,3041,3104,
　　　　3119,3166,3323,3387
朱文叔　1239,1258,2196,2197,2201,2204,2207,2220,2530,3724,3744,
　　　　3832,3853,3939,3990,4295,4438,4439,4453,4524,4532,4588,4589,
　　　　4661,4665,4674,4679,4697,4745,4778,4902,4931,5111,5127,5141,
　　　　5155,5174,5194,5197,5204,5209,5221,5225,5229,5240,5257,5271,
　　　　5287,5307,5314,5359,5410,5425,5442,5443,5458,5568,5583,5584,
　　　　5595,5598,5609,5669,5672,5679,5707,5711,5715,5716,5828,5837,
　　　　5839,5842,5850,5865,6339,6701,6712,7424
朱希祖（逖先）　152,331,490,560,656,1654,1860,3997,4265,7730
朱翊新　2204,2212,2536,2538,2642,3295,3304,3314,3340,3955,4736,
　　　　4741,5198
朱应鹏　372,443
朱宇苍　2124
朱语今　4952-4954,4957,4969,5018,5024,5025,5072,5187,5451,5732
朱寨　7132,7595,7682,7706,7739,7824,7958,7985

朱自清（佩弦） 46,83,84,92,126,148,236-238,282,283,357,397,
430-432,449,513,526,528,694,1098,1099,1106,1292,1484,1485,
1490,1491,1581,1591,1664,1732,2108,2109,2111,2402,2464,2560,
3301,3308,3416,3417,3460,3733,3774,4030,4084,4126,4128,4133,
4135,4370,4413,4443,4851,4881,4961,7982

诸宝懋 4240,4304,4344,4352,4393,4448,4449,4454,4456,4463,4465,
4476,4488,4522,4527,4529,4588,4598,4600,4652,4678,4702,4705,
4729,4739,4740,4743,4744,4746,4748,4757,4779,4793,4794,4800,
4804,4811,4814,4820,4823,4873,4914,4956,4957,5144

竺可桢（藕舫） 288,289,8071,8174

庄叔迁 221,321,355,356,358,413,467,539,547,584,614,631,639,640,
645,647,692,766,774,793,794,862,883,904,906,936,959,979-981,
984,1004,1006,1029,1031,1041,1068,1125,1140,1143,1204,1206,
1214,1396,1403

庄俞（百俞） 51,256,906,1140,1482,1628,1744,1789,2874

资耀华 6557,6563,6567,6630,6900,7097,7683

訾雨亭 2553,2947,3250,3524,6228

宗亮寰 401,547,723,794,1367,1485,3169,4620

邹秉文 6229,6253,6255,6355,6376,6396,6513,6518,6555,6560,6562,
6563,6566,6567,6573,6574,6608,6932,7084,7188,7409,7410,7433,
7633

邹韬奋 2149,2163,2255

左恭 6965

左克明 4840,7521